DIE REGEL DES HL. BENEDIKT
REGULA BENEDICTI

BENEDIKT VON NURSIA

ES HEBT AN DER PROLOG DER MÖNCHSREGEL.

Lausche, mein Sohn, den Lehren des Meisters, neige das Ohr deines Herzens, nimm willig hin die Mahnung deines liebreichen Vaters und erfüll' sie im Werke, damit du in der Mühsal des Gehorsams heimkehrest zu dem, den du in der Trägheit des Ungehorsams verlassen hattest.

An dich richtet sich also jetzt mein Wort, der du dem Eigenwillen entsagst, und die herrlichen Heldenwaffen des Gehorsams ergreifst, um für Christus den Herrn, den wahren König, zu streiten.

Zuerst: beginnst du irgendein gutes Werk, so erflehe von ihm in inständigem Gebet, er mög' es vollbringen; sonst könnte er sich ob unserer bösen Werke einmal betrüben müssen, er, der uns in Huld schon in die Zahl der Söhne aufgenommen hat. Denn wegen der uns verliehenen Gaben müssen wir ihm jederzeit so gehorchen, daß er weder als erzürnter Vater seine Kinder jemals enterbe, noch als gestrenger Herr ergrimmt ob unserer Sünden und als nichtswürdige Knechte die der ewigen Pein überliefere, die ihm zur Herrlichkeit nicht folgen wollten.

Drum wollen wir uns endlich einmal erheben; denn die Schrift weckt uns auf mit den Worten: "Schon ist die Stunde da, vom Schlafe aufzustehen". Öffnen wir also unser Auge dem göttlichen Licht und vernehmen wir mit aufmerksamem Ohr, was Gottes Stimme täglich uns mahnend zuruft: "Heute, wenn ihr seine Stimme höret, verhärtet eure Herzen nicht", und wiederum: "Wer Ohren hat zu hören, der höre, was der Geist zu den Gemeinden spricht". Und was sagt er? "Kommet Kinder, höret mich, die Furcht des Herrn will ich euch lehren". "Lauft, solang ihr das Licht des Lebens habt, damit die Finsternisse des Todes euch nicht überraschen".

In der Menge des Volkes, dem der Herr diese Worte zuruft, sucht er nun seinen Arbeiter und spricht deshalb abermals: "Wer ist der Mann, so Lust am Leben hat und gerne gute Tage sieht?" Vernimmst du diese Frage und gibst du zur Antwort: Ich bin es, so spricht Gott zu dir: "Willst du wahres und ewiges Leben besitzen, dann bewahr vor Bösem deine Zunge und deine Lippen vor trugvoller Rede. Kehr dich ab vom Bösen und tu Gutes, trachte nach Frieden und jag ihm nach". Und habt ihr also gehandelt, dann sind meine Augen über euch und meine Ohren eurem Flehen nah. Noch eh' ihr mich anruft, will ich zu euch sprechen: "Seht, hier bin ich". Geliebteste Brüder, was gäbe es Lieblicheres für uns als diese Stimme, mit der uns der Herr einlädt? Seht, in seiner väterlichen Liebe zeigt uns der Herr den Weg des Lebens.

Umgürten wir daher unsere Lenden mit Glauben und Eifer in guten Werken und wandeln wir unter der Leitung des Evangeliums seine Pfade, damit wir würdig werden, den zu schauen, "der uns in sein Reich berufen hat". Wollen wir in diesem Königszelte wohnen: unmöglich gelangt man dorthin, außer man eilt auf dem Pfade der guten Werke. Fragen wir nun den Herrn mit dem Propheten: "Herr, wer darf wohnen in Deinem Gezelte, wer ruhen auf Deinem heiligen Berge?" Vernehmen wir, meine Brüder, nach dieser Frage die Antwort des Herrn, der uns den Weg zu seinem Gezelte weist mit den Worten: "Wer makellos wandelt und Gerechtigkeit übt, wer Wahrheit spricht in seinem Herzen, wer keinen Trug übt mit der Zunge, wer nicht Übles tut seinem Nächsten, wer nicht Schmähreden anhört wider den andern". Wer den bösen Feind, naht er mit einer Versuchung, mitsamt seiner Einflüsterung vom Angesicht seines Herzens stößt und zunichte macht, wer dessen Brut, die Gedanken packt und an Christus zerschmettert. In der Furcht des Herrn erheben sie sich nicht ob ihres guten Wandels; was an ihnen Gutes ist, schreiben sie vielmehr nicht ihrem eigenen Vermögen, sondern dem Herrn zu und preisen Gott, der in ihnen wirksam ist, indem sie mit dem Propheten sprechen: "Nicht uns, o Herr, nicht uns, sondern Deinem Namen gib die Ehre". So tat sich ja auch der Apostel Paulus nicht etwas auf seine Predigt zugut, sondern sagt: "Durch Gottes Gnade bin ich, was ich bin". Und abermals: "Wer sich rühmen will, rühme sich im Herrn". Deshalb sagt auch der Herr im Evangelium: "Wer diese meine Worte hört und sie befolgt, den vergleiche ich mit einem weisen Manne, der sein Haus auf Felsen gebaut hat. Fluten wälzten sich daher, Stürme brausten und tobten gegen jenes Haus, allein es fiel nicht zusammen, auf Felsen war es ja gegründet". So spricht der Herr und erwartet nun von uns, daß wir Tag für Tag diesen seinen heiligen Mahnungen mit der Tat entsprechen. Deshalb gewährt er uns zur Besserung unserer Fehler noch Gnadenfrist in diesem Leben, wie der Apostel sagt: "Weißt du nicht, daß Gottes Langmut dich zur Buße führen will?" Mit väterlicher Güte spricht ja der Herr:

"Nicht den Tod des Sünders will ich, sondern daß er sich bekehre und lebe".

Brüder, wir haben nun den Herrn darüber befragt, wer in seinem Zelte wohnen dürfe, und haben vernommen, was verlangt wird, dort zu wohnen. Ja, dort werden wir sein, aber nur wenn wir die Pflichten eines Bewohners erfüllen. Leib und Seele müssen wir deshalb dienstbereit halten zum heiligen Gehorsam gegen die Gebote. Soweit aber unsere eigene Kraft nicht ausreicht, wollen wir zum Herrn flehen, daß er uns den Beistand seiner Gnade gewähren wolle. Und wenn wir den Peinen der Hölle entkommen und zum ewigen Leben gelangen wollen, dann müssen wir jetzt eilen und so wirken, wie es uns für die Ewigkeit frommt, jetzt, solange es noch Zeit ist, solang wir im Fleische wandeln, und all das in diesem Erdenleben noch vollbringen können.

Es ist also unsere Aufgabe, eine Schule für den Dienst des Herrn einzurichten. Wir hoffen, dabei nicht Hartes, nicht Drückendes zu verordnen. Sollte aber doch zur Ausrottung der Fehler oder Bewahrung der Liebe die Billigkeit es erheischen, etwas mehr Strenge in Anwendung zu bringen, dann sollst du nicht gleich voll Schrecken den Weg des Heiles verlassen, der am Anfang nicht anders als eng sein kann. Schreitet man aber im klösterlichen Wandel und im Glauben voran und erweitert sich so das Herz , dann eilt man in unaussprechlicher Süßigkeit der Liebe den Weg der Gebote Gottes. Dann entziehen wir uns auch nie mehr seiner Leitung, verharren in seiner Lehre bis zum Tod im Kloster, haben durch Geduld Anteil am Leiden Christi und verdienen damit auch, Genossen seiner Herrschaft zu werden.

1

VON DEN GATTUNGEN DER MÖNCHE.

Regel heißt sie deshalb, weil sie den Wandel derer regeln soll, die sie befolgen.

Es gibt bekanntlich vier Gattungen von Mönchen, Die erste ist die der Zönobiten, das heißt jener, die in einem Kloster unter Regel und Abt Gott dienen.

Die zweite Gattung ist die der Anachoreten oder Eremiten, jener nämlich, die diesen Beruf nicht im Neulingseifer für das klösterliche Leben, sondern nach langer Bewährung im Kloster erwählt haben. Sie haben durch die Beihilfe vieler gelernt, gegen den Teufel zu streiten, treten nun wohlgerüstet aus der Reihe der Brüder zum Einzelkampfe in die Einöde hinaus und haben Kraft genug, unter Gottes Schutz, voll Zuversicht, auch ohne tröstliches Beispiel anderer, mit eigenem Arm und eigener Faust allein gegen die Verderbnis von Fleisch und Sinn zu kämpfen.

Eine dritte ganz schlimme Gattung von Mönchen ist die der Sarabaiten. Wie die Erfahrung lehrt, sind sie nicht wie Gold im Feuerofen durch das Leben nach einer Regel bewährt, sondern so weich wie Blei, und in ihrer Lebensart immer noch der Welt ergeben, belügen sie offenkundig Gott mit ihrer Tonsur. Zu zweien oder dreien, oder auch wohl allein leben sie hirtenlos dahin in der eigenen Hürde, nicht in der des Herrn. Ihr Begehren und Behagen gilt ihnen als Gesetz; denn was sie meinen und was sie wollen, das nennen sie heilig, was sie nicht mögen, das halten sie für unerlaubt.

Die vierte Gattung von Mönchen heißt die der Gyrovagen. Diese ziehen ihr Leben lang im Lande umher und bleiben drei oder vier Tage in den einzelnen Klöstern zu Gast, immer unbeständig, niemals seßhaft, Sklaven ihrer Launen und der Gaumenlust, in allweg noch schlimmer als die Sarabaiten. Allein es ist besser, von dem jämmerlichen Wandel all dieser zu schweigen als davon zu reden.

Lassen wir sie also und gehen wir daran, mit Gottes Hilfe dem starken Geschlechte der Zönobiten eine feste Ordnung zu geben.

2
WIE DER ABT SEIN SOLL.

Ein Abt, der würdig sein will, einem Kloster vorzustehen, soll immer des Namens eingedenk sein, den er trägt, und muß durch sein Verhalten den Titel eines Obern wahrmachen. Denn der Glaube sieht in ihm den Stellvertreter Christi im Kloster; redet man ihn doch mit dessen Beinamen an, da der Apostel sagt: "Ihr habt den Geist der Kindschaft Gottes empfangen, in dem wir rufen: Abba, Vater". Deshalb darf der Abt nichts lehren, anordnen oder befehlen, was den Vorschriften Gottes zuwider ist ; sein Geheiß und seine Unterweisung sollen vielmehr wie ein Sauerteig der göttlichen Gerechtigkeit in die Herzen der Jünger dringen. Der Abt denke immer daran, daß beim furchtbaren Gerichte Gottes sowohl seine Unterweisung als auch der Gehorsam seiner Jünger in Untersuchung gezogen wird. Auch wisse der Abt, daß es dem Hirten als Schuld angerechnet wird, falls der Hausvater an den Schafen zu wenig Nutzen finden kann. Ebenso wird aber auch derselbe Hirt, wenn er einer unruhigen und widerspenstigen Herde alle Hirtensorge zugewendet und ihrem verderbten Wandel alle Heilkunst hat angedeihen lassen, einmal beim Gericht des Herrn schuldlos befunden und kann dann mit dem Propheten zu Gott sprechen: "Deine Gerechtigkeit verbarg ich nicht im Herzen, verkündete Deine Treue und Dein Heil" ; "sie aber hatten nur Verachtung für mich". Und dann mögen schließlich die ihm anvertrauten, unfolgsamen Schafe zur Strafe der Macht des Todes anheimfallen.

Wer also die Würde des Abtes übernommen hat, muß seinen Schülern mit doppelter Belehrung vorangehen, das heißt, mehr noch durch Beispiel als durch Worte über alles Gute und Heilige sie belehren. Die verständigeren Jünger unterweise er demnach in den Geboten des Herrn mit Worten, den weniger Empfänglichen und Beschränkteren aber veranschauliche er die Vorschriften Gottes durch sein Beispiel. Was er seine Jünger meiden lehrt, das lasse er auch in seinem Verhalten als unstatthaft erkennen, sonst könnte er, während er anderen predigt, selbst als verworfen erfunden werden und könnte Gott dereinst zu ihm, dem Sünder, sprechen: "Warum zählst du meine Satzungen her und führst meine Worte in deinem Mund; du selbst hassest ja die Zucht und wirfst meine Worte hinter dich" und "der du im Auge deines Bruders den Splitter sähest, hast in deinem eigenen den Balken übersehen".

Er mache im Kloster keinen Unterschied der Person; den einen liebe er nicht mehr als den anderen, außer er findet bei einem einen höheren Grad von Tugend und Gehorsam. Einem Freigeborenen darf kein Vorrang eingeräumt werden vor dem, der aus unfreiem Stande ins Kloster kommt, falls nicht sonst ein vernünftiger Grund vorliegt. Findet es der Abt aus Gründen der Billigkeit für gut, dann mag er die Rangordnung eines jeden in dieser Weise regeln. Liegt ein solcher Grund nicht vor, so bleibe jeder an dem ihm zukommenden Platze; denn ob unfrei oder frei, in Christus sind wir alle eins und leisten unter einem Herrn den gleichen Kriegsdienst. "Bei Gott gibt es ja kein Ansehen der Person". Nur eines zeichnet uns in seinen Augen aus, wenn wir nämlich reicher an Verdiensten als andere und demütig erfunden werden. Darum schenke der Abt allen die gleiche Liebe, allen lasse er, wie sie es verdienen, die gleiche Behandlung zuteil werden.

Bei seiner Leitung soll er sich an die Art und Weise halten, die ihm der Apostel angibt, wenn er sagt: "Tadle, mahne, strafe". Er muß also je nach Zeit und Umständen bald Strenge, bald Milde, jetzt den Ernst eines Meisters, dann wieder die zärtliche Liebe eines Vaters walten lassen. Diejenigen, die von Ordnung nichts wissen wollen und unruhige Köpfe sind, weise er strenge zurecht, die aber willig, sanft und geduldig sind, ermuntere er zu weiterem Voranschreiten. Legt einer Nachlässigkeit und Mißachtung an den Tag, den soll er rügen und strafen, des mahnen wir ihn. Auch darf er vor den Fehlern der Schuldigen sein Auge nicht verschließen, sondern muß sie gleich beim Entstehen, soweit es in seinen Kräften liegt, mit der Wurzel ausreißen; er soll dabei an das Schicksal des Hohenpriesters Heli von Silo denken. Edlere und einsichtige Jünger weise er bei der ersten und zweiten Ermahnung mit Worten zurecht, bösartige, unempfängliche, stolze und widerspenstige Gemüter bestrafe er aber gleich beim ersten Fehler mit Schlägen oder sonstigen körperlichen Züchtigungen, da er sich an das Wort der Schrift erinnern muß: "Ein Tor läßt sich durch Zureden nicht auf bessere Wege bringen", und an einer anderen Stelle: "Schlage deinen Sohn mit der Rute, und du bewahrst seine Seele vor dem Tode".

Der Abt soll immer bedenken, was er ist und was sein Name besagt, und wissen, daß, wem mehr anvertraut ist, auch mehr abgefordert wird. Er halte sich gegenwärtig, wie schwierig und dornenvoll die Aufgabe ist, die er übernommen hat, Seelen zu leiten und dem Charakter vieler gerecht zu werden, auf den einen mit Güte, auf den anderen mit Tadel, auf einen dritten durch überzeugende Gründe einzuwirken. Wie es Veranlagung und Einsicht eines jeden erfordert, passe er sich allen völlig an, so daß er an der ihm anvertrauten Herde keinen Verlust zu beklagen habe, vielmehr am Wachstum der guten Herde sich erfreuen könne.

Vor allem darf er über der Sorge für vergängliche, irdische, hinfällige Dinge das Heil der ihm anvertrauten Seelen nicht vernachlässigen oder gering anschlagen. Er soll vielmehr immer bedenken, daß er als Aufgabe übernommen hat, Seelen zu leiten, über die er auch Rechenschaft ablegen muß. Um nicht etwa den geringen Bestand des Vermögens zum Vorwand zu nehmen, erinnere er sich an das Wort der Schrift: "Suchet zuerst das Reich Gottes und seine Gerechtigkeit, so wird euch das alles dazu gegeben werden", und wiederum: "Keinen Mangel hat zu besorgen, wer Gott fürchtet". Er darf auch nie vergessen, daß, wer die Leitung von Seelen übernimmt, sich zur Rechenschaft bereit halten muß. So groß die Zahl der Brüder ist, die er sich anvertraut weiß, für alle diese Seelen, davon muß er überzeugt sein, hat er am Tage des Gerichtes vor dem Herrn Rechenschaft zu geben, dazu noch zweifelsohne auch für seine eigene Seele. So schwebt er in beständiger Furcht wegen der Untersuchung, die ihm als Hirten über die anvertraute Herde bevorsteht, und da er sich vor der Verantwortung für andere hütet, läßt ihn dies um die eigene Rechenschaft besorgt sein. Derweil er andere durch seine Mahnreden zur Besserung führt, reinigt er sich selbst von Fehlern.

3
VON DER BEIZIEHUNG DER BRÜDER ZUR BERATUNG.

So oft im Kloster wichtige Angelegenheiten zu verhandeln sind, rufe der Abt die ganze Brüderschar zusammen und lege die Sache selber vor. Hat er den Rat der Brüder vernommen, dann überlege er bei sich und handle dann, wie er es für ersprießlicher hält. Daß alle zur Beratung beigezogen werden, haben wir deshalb bestimmt, weil der Herr oft einem jüngeren eingibt, was das Beste ist. Die Brüder sollen aber in aller Bescheidenheit und Demut ihre Meinung äußern und sich nicht herausnehmen, hartnäckig ihre Ansicht zu verteidigen. Die Entscheidung hänge vielmehr vom Abte ab, so daß sich alle gehorsam dem fügen, was er für zuträglicher hält. Wie es jedoch dem Schüler zukommt, dem Meister zu gehorchen, so ist es auch geziemend, daß dieser alles nach Klugheit und Billigkeit anordne.

Alle sollen demnach durchweg der Regel als Meisterin folgen; keiner darf vermessen von ihr abgehen. Niemand folge im Kloster dem Begehren des eigenen Herzens, noch erdreiste sich einer, mit seinem Abt in kecker Weise oder gar außerhalb des Klosters zu streiten. Wäre einer so anmaßend, dann verfalle er der in der Regel festgesetzten Strafe. Der Abt handle jedoch überall mit Gottesfurcht und nach der Richtschnur der Regel; er vergesse nicht, daß er ohne allen Zweifel über alle seine Entscheidungen vor Gott, dem gerechtesten Richter, Rechenschaft ablegen muß. Handelt es sich um minder wichtige Angelegenheiten des Klosters, so ziehe er nur die Ältesten zu Rat, wie geschrieben steht: "Tu alles mit Rat, dann wirst du nachher nichts zu bereuen haben".

4
VON DEN WERKZEUGEN DER GUTEN WERKE.

Vor allem Gott den Herrn lieben aus ganzem Herzen, aus ganzer Seele, mit aller Kraft.

Dann den Nächsten wie sich selbst.

Ferner nicht töten.

Nicht ehebrechen.

Nicht stehlen.

Nicht begehren.

Kein falsches Zeugnis geben.

Alle Menschen ehren.

Und was man selbst nicht leiden möchte, auch keinem andern tun.

Sich selbst verleugnen, um Christus nachzufolgen.

Den Leib züchtigen.

Sinnliche Ergötzungen nicht suchen.

Das Fasten lieben.

Arme erquicken.

Nackte bekleiden.

Kranke besuchen.
Tote begraben.
Bedrängten zu Hilfe kommen.
Trauernde trösten.
Dem Treiben der Welt sich entfremden.
Der Liebe zu Christus nichts vorziehen.
Zorn nicht zur Tat werden lassen.
Rachegelüste nicht dauern lassen.
Kein Falsch im Herzen tragen.
Nicht heuchlerischen Frieden bieten.
Von der Liebe nicht lassen.
Nicht schwören, um nicht etwa falsch zu schwören.
Mit Herz und Mund die Wahrheit sagen.
Nicht Böses mit Bösem vergelten.
Kein Unrecht tun, selber in Ruhe solches tragen.
Die Feinde lieben.
Die uns schmähen, nicht wieder schmähen, sondern segnen.
Verfolgung leiden um der Gerechtigkeit willen.
Nicht stolz sein.
Nicht trunksüchtig,
Nicht eßsüchtig,
Nicht schlafsüchtig sein.
Nicht träge sein.
Kein Murrer,
Kein Verleumder sein.
Seine Hoffnung auf Gott setzen.

Das Gute, das man an sich gewahrt, Gott zuschreiben, nicht sich selber.

Das Böse aber stets als sein eigenes Werk erkennen und bekennen.

Vor dem Tage des Gerichtes bangen.

Vor der Hölle zittern.

Nach dem ewigen Leben von Herzen mit heiliger Begierde verlangen.

Den drohenden Tod täglich vor Augen haben.

Seinen Lebenswandel stündlich überwachen.

Daß allerorten Gottes Auge auf uns schaut, untrüglich glauben.

Böse Gedanken, sobald sie im Herzen aufsteigen, an Christus zerschellen und sie dem geistlichen Vater offenbaren.

Seinen Mund vor böser und verkehrter Rede bewahren.

Nicht gerne viel reden.

Hohles Gerede oder Possen sich nicht gestatten.

Vieles oder zu lautes Lachen nicht lieben.

Fromme Lesung gern anhören.

Dem Gebet häufig obliegen.

Seine früheren Sünden unter Tränen und Seufzen täglich vor Gott im Gebete bekennen.

Diese Sünden fortan meiden.

Den Begierden des Fleisches nicht zu Willen sein.

Den Eigenwillen hassen.

Den Anordnungen des Abtes in allen Stücken gehorsam sich fügen, auch wenn er selbst, was ferne sei, anders handeln sollte, im Gedanken an das Gebot des Herrn: "Was sie sagen, das tut, was sie aber tun, das tuet nicht!"

Sich nicht wollen als Heiligen feiern lassen, bevor man es ist; sondern es zuerst werden, um dann mit Recht als solcher zu gelten.

Gottes Gebote tagtäglich im Werke erfüllen.

Die Keuschheit lieben.

Niemand hassen.

Keine Eifersucht hegen.

Sich von Scheelsucht nicht beherrschen lassen.
Streitereien nicht lieben.
Selbsterhebung fliehen und die Älteren ehren.
Die Jüngeren lieben.
In der Liebe zu Christus für die Feinde beten.
Nach einem Zwiste, noch ehe die Sonne scheidet, Versöhnung suchen.
Endlich an der Barmherzigkeit Gottes niemals verzweifeln.

Siehe, das sind die Werkzeuge der geistlichen Kunst. Handhaben wir sie Tag und Nacht, ohne zu ermüden, und weisen wir sie dann am Tage des Gerichtes wieder vor, dann wird uns jener Lohn vom Herrn ausbezahlt, den er selbst verheißen hat: "Kein Auge hat es gesehen, kein Ohr gehört, was Gott denen bereitet hat, die ihn lieben". Die Werkstätte aber, wo wir das alles mit emsigem Fleiße wirken sollen, ist das Kloster in seiner Abgeschiedenheit, und beständiges Ausharren im Klosterverband.

5
VOM GEHORSAM.

Der vorzüglichste Grad der Demut ist Gehorsam ohne Zögern. Er ist denen eigen, die nichts Lieberes als Christus kennen: wegen des heiligen Dienstes, den sie gelobt haben, oder wegen der Furcht vor der Hölle und wegen der Herrlichkeit des ewigen Lebens gibt es kein Säumen für sie, sobald vom Obern ein Befehl ergangen ist, gleichwie als befähle Gott selbst. Von ihnen sagt der Herr: "Er gehorcht mir aufs Wort". Desgleichen sagt er zu den Lehrern: "Wer euch hört, der hört mich". Solche lassen demnach sogleich das Ihrige im Stich, geben den eigenen Willen preis, ziehen alsbald ihre Hand zurück von ihrer Beschäftigung, lassen unvollendet liegen, was sie taten, und folgen so schnellbereiten Fußes willig dem Worte des Obern mit der Tat. Und wie in einem Augenblick, in der Schnelligkeit der Gottesfurcht, spielt sich sowohl der ergangene Befehl des Meisters wie auch die vollbrachte Tat des Schülers rasch miteinander ab. Ganz von Sehnsucht beherrscht, zum ewigen Leben zu gelangen, betreten sie voll Mut den schmalen Pfad, von dem der

Herr sagt: "Eng ist der Weg, der zum Leben führt". So leben sie nicht nach ihrem Gutdünken und folgen nicht ihren Wünschen und Launen, sondern richten sich nach fremdem Urteil und Befehl, verharren im Kloster und verlangen darnach, unter einem Abte zu stehen. Ohne Zweifel befolgen solche den Ausspruch des Herrn: "Ich bin nicht gekommen, meinen Willen zu tun, sondern den Willen dessen, der mich gesandt hat".

Nun aber ist dieser Gehorsam nur dann Gott wohlgefällig und den Menschen angenehm, wenn der Befehl nicht lässig, nicht lahm, nicht lau, nicht mit Murren oder offener Widerrede vollzogen wird. Denn wer den Obern gehorcht, gehorcht Gott; er sagte ja: "Wer euch hört, der hört mich". Und frohen Herzens sollen die Jünger gehorchen, weil "Gott einen freudigen Geber liebt". Denn, wenn sich der Jünger nur mißmutig zum Gehorsam versteht und, ich will nicht sagen mit dem Munde, nein auch nur im Herzen murrt, findet er, mag er den Befehl auch erfüllen, damit doch kein Gefallen bei Gott, der auf sein murrendes Herz schaut; und für solcher Art Handeln empfängt er keinen Lohn, verfällt vielmehr der Strafe der Murrer, wenn er nicht dafür genugtut und sich bessert.

6

VON DER TUGEND DES SCHWEIGENS.

Befolgen wir das Wort des Propheten: "Ich hab' es gesagt, behüten will ich meine Wege, auf daß ich nicht fehle mit meiner Zunge; eine Wache habe ich gestellt an meinen Mund; stumm ward ich, verdemütigte mich und schwieg vom Guten". Damit gibt uns der Prophet die Lehre: wenn man der Schweigsamkeit zulieb bisweilen selbst von guter Rede lassen soll, wieviel mehr ist es dann Pflicht, böse Reden zu meiden, wegen der Strafe, die der Sünde folgt. Wären die Reden auch noch so gut, fromm und erbaulich, selbst vollkommenen Schülern soll daher wegen der hohen Bedeutung des Schweigens nur selten Erlaubnis gegeben werden, zu sprechen; denn es steht geschrieben: "Beim vielen Reden entgehst du der Sünde nicht", und anderswo: "Tod und Leben sind in der Gewalt der Zunge". Reden und Lehren kommt ja dem Meister zu, Schweigen und Hören ziemt dem Jünger.

Hat also jemand beim Obern etwas zu erfragen, so tue er es

in aller Bescheidenheit und ehrfürchtiger Unterwürfigkeit. Aber leichtfertiges oder müßiges und zum Lachen reizendes Geschwätz verbannen und verdammen wir für immer und überall und erlauben nicht, daß ein Jünger seinen Mund zu derlei Reden öffne.

7
VON DER DEMUT.

Brüder, die Heilige Schrift ruft uns zu: "Jeder, der sich selbst erhöht, wird erniedrigt, und wer sich selbst erniedrigt, wird erhöht werden". Mit diesen Worten belehrt sie uns, daß jede Selbsterhöhung Stolz ist. Davor hütet sich der Prophet, wie er bekennt und sagt: "Herr, mein Herz ist nicht vermessen, nicht stolz erhoben trag ich meinen Blick, ich ergehe mich nicht in Dingen, die zu hoch sind und zu wunderbar für mich. Aber wie? Wenn ich nicht bescheiden dachte, wenn sich stolz meine Seele erhob — wie einem Kinde, wenn es von der Mutterbrust entwöhnt wird, also vergiltst Du dann meiner Seele".

Brüder, wollen wir daher den Gipfel der vollkommenen Demut erreichen und zu jener Erhöhung im Himmel rasch gelangen, zu der die Erniedrigung in diesem Leben emporführt, so müssen wir durch unsern aufwärtsstrebenden Wandel jene Leiter errichten, die Jakob im Traum erschien, woran, wie ihm gezeigt wurde, Engel auf- und niederstiegen. Nicht anders ohne Zweifel können wir dieses Auf- und Niedersteigen deuten, als daß man durch Selbsterhebung abwärts sinkt und durch Demut aufwärts steigt. Die aufgerichtete Leiter selbst ist aber unser Leben auf Erden, dem Gott die Richtung zum Himmel gibt, wenn das Herz demütig ist. In den beiden Seiten dieser Leiter sehen wir unsern Leib und unsere Seele; in diese Seiten hat der Gnadenruf Gottes verschiedene Sprossen der Demut und des geistlichen Lebens eingefügt, die man hinaufsteigen soll.

Die erste Stufe der Demut ist nun, die Gottesfurcht stets vor Augen haben und sich vor allem hüten, sie je zu vergessen, vielmehr jederzeit all dessen eingedenk bleiben, was Gott befohlen hat. Darum soll sich der Mensch im Geiste stets gegenwärtig halten, wie das Feuer der Hölle die Gottesverächter wegen ihrer Sünden brennt, aber auch ewiges Leben den Gottesfürchtigen bereitet ist. So wird er allezeit Sünden und Fehler meiden, Fehler in Gedanken, mit der Zunge, mit Händen und Füßen oder Fehler des Eigenwillens, meiden wird er auch Fleischesbegierden. Er denke daran, daß Gott immerdar vom Himmel auf ihn herniederschaut, daß sein Tun und Lassen allerorten klar vor Gottes Auge steht und von den Engeln zu jeder Zeit ihm gemeldet wird. Darauf macht uns der Prophet aufmerksam, wenn er uns belehrt, daß Gott immer bei unsern Gedanken zugegen ist, indem er sagt: "Gott durchforscht Herz und Nieren". Und wiederum: "Der Herr kennt die Gedanken der Menschen", und anderswo: "Von ferne durchschaust Du meine Gedanken, und: "Das Sinnen des Menschen ist Dir bekannt". Um sorgsam zu wachen über seine verkehrten Gedanken, spreche ein braver Bruder immer zu sich: "Dann wandle ich makellos vor Dir, wenn ich mich vor meiner Bosheit in acht nehme".

Dem Eigenwillen aber zu folgen, ist uns verwehrt, da uns die Schrift sagt: "Wende dich ab von dem Begehren deines Herzens".

Auch flehen wir zu Gott im Gebete, daß sein Wille an uns geschehen möge. Mit Recht werden wir also davor gewarnt, unserm Eigenwillen zu folgen, Denn so entgehen wir dem, was die Schrift sagt: "Es gibt Wege, die den Menschen recht erscheinen, deren Ende aber bis zur Tiefe der Hölle hinabführt". Dann hält uns auch das Urteil in Angst und Furcht, das über die Nachlässigen gefällt ist: "Sie sind verderbt und zum Abscheu geworden in ihren Gelüsten. Was aber die Begierden des Fleisches anlangt, sollen wir Gott immer gegenwärtig wissen; betet doch der Prophet zum Herrn: "Vor Dir ist all das Verlangen meines Herzens".

Man muß sich also deshalb vor der bösen Begierde hüten; denn der Tod lauert vor der Pforte der Lust. Daher befiehlt uns die Schrift und sagt: "Deinen Gelüsten gehe nicht nach". Wenn demnach die Augen des Herrn auf Gute und Böse gerichtet sind und "der Herr immerdar vom Himmel auf die Menschenkinder niederschaut, um zu sehen, ob einer weise sei und Gott suche", und wenn die Engel, die uns an die Seite gegeben sind, täglich bei Tag und Nacht dem Herrn unser Tun und Lassen melden, dann sollen wir uns, meine Brüder, jederzeit davor in acht nehmen, daß Gott nicht, wie der Prophet im Psalme sagt, zu irgendeiner Stunde sehen müsse, wie wir dem Bösen zuneigen und zu unnützen Knechten geworden sind; sonst könnte er, während er unser in diesem Leben schont, da er barmherzig ist und auf unsere Besserung wartet, später zu uns einmal sagen müssen: "Das hast du getan, und ich habe dazu geschwiegen".

Die zweite Stufe der Demut ist, den eigenen Willen nicht lieben und sich in der Befriedigung seiner Wünsche nicht gefallen, vielmehr jenes Wort des Herrn zur Richtschnur nehmen: "Ich bin nicht gekommen, meinen Willen zu tun, sondern den Willen dessen, der mich gesandt hat". Es steht ferner geschrieben:

"Ungebundenheit zieht Strafe nach sich, die Bande des Zwanges bringen den Siegeskranz".

Die dritte Stufe der Demut ist, aus Liebe zu Gott in vollkommenem Gehorsam sich dem Obern unterwerfen und so den Herrn nachahmen, von dem der Apostel sagt: "Er ward gehorsam bis in den Tod".

Die vierte Stufe der Demut ist, in diesem Gehorsam bei herben und widrigen Dingen, ja sogar bei angetaner Unbill mit Stillschweigen und Selbstbeherrschung die Geduld bewahren, ausharren, nicht ermatten oder sich entziehen, sagt doch die Schrift: "Wer ausharrt bis ans Ende, wird gerettet werden", und wiederum: "Laß stark sein dein Herz und harre auf den Herrn". Um uns zu belehren, daß der Gläubige dem Herrn zulieb alles, selbst Widriges ertragen muß, sagt die Schrift im Namen der Dulder: "Um Deinetwillen werden wir hingemordet den ganzen Tag, werden geachtet wie Schlachtschafe". Und felsenfest in der Hoffnung auf göttliche Vergeltung fügen sie freudig hinzu: "Allein in all dem obsiegen wir um dessentwillen, der uns geliebt hat". Auch sagt die Schrift an einer anderen Stelle: "Du hast uns, o Gott, geprüft, im Feuer geläutert, gleichwie man Silber im Feuer läutert, Du hast uns in die Schlinge geraten lassen, hast Drangsal auf unsere Schulter gelegt". Und um zu zeigen, daß wir unter einem Vorgesetzen stehen müssen, fährt sie fort: "Menschen hast Du über unser Haupt gesetzt". Aber auch in Widerwärtigkeiten und Unbilden erfüllen sie durch Geduld das Gebot des Herrn : auf eine Wange geschlagen, bieten sie auch die andere dar, des Rockes beraubt, geben sie auch den Mantel dazu, zu einer Meile genötigt, gehen sie gleich zwei, ertragen mit dem Apostel Paulus falsche Brüder und segnen, die sie schmähen.

Die fünfte Stufe der Demut ist, alle schlimmen Gedanken, die im Herzen aufsteigen, und das im Verborgenen begangene Böse in demütigem Bekenntnis seinem Abte bekennen. Dazu mahnt uns die Schrift mit den Worten: "Offenbare dem Herrn deinen Weg und vertrau auf ihn". Und wiederum: "Bekennet dem Herrn, denn er ist gut, ewig währet seine Barmherzigkeit". Und ebenso sagt der Prophet: "Mein Vergehen habe ich Dir kund getan und meine Ungerechtigkeit nicht verborgen; ich spreche: als mein Ankläger will ich mein Unrecht dem Herrn bekennen; Du aber verzeihst den Frevel meines Herzens".

Die sechste Stufe der Demut erreicht der Mönch, wenn er sich mit dem Allerniedrigsten und Geringsten zufrieden gibt und bei allem, was man ihm aufträgt, in sich einen schlechten und untauglichen Arbeiter sieht, indem er zu sich selber mit dem Propheten sagt: "Zunichte geworden bin ich, und es war mir verborgen; wie ein Lasttier ward ich vor Deinem Angesicht, und doch bin ich immer bei Dir".

Die siebte Stufe der Demut ist, sich nicht bloß mit Worten als den letzten und geringsten bezeichnen, sondern auch im tiefsten Herzensgrund hiervon überzeugt sein und in Demut mit dem Propheten sprechen: "Ich aber bin ein Wurm und kein Mensch, der Leute Spott und die Verachtung des Volkes". "Erhoben hab ich mich, ward aber gedemütigt und bin zuschanden geworden". Und abermals: "Gut war's mir, daß Du mich demütigtest, damit ich Deine Gebote lerne".

Die achte Stufe der Demut erreicht der Mönch, wenn er nur tut, wozu ihn die gemeinsame Klosterregel und das Beispiel der älteren Brüder anhalten.

Die neunte Stufe der Demut ersteigt der Mönch, wenn er seine Zunge beim Reden bezähmt, im Schweigen verharrt und nicht redet, bis man eine Frage stellt; versichert uns doch die Schrift: "Beim vielen Reden entgeht man der Sünde nicht", und: "Ein geschwätziger Mensch hat keinen Bestand auf Erden".

Die zehnte Stufe der Demut ist, nicht schnell und gern zum Lachen bereit sein, weil geschrieben steht: "Der Tor bricht in schallendes Gelächter aus".

Die elfte Stufe der Demut erreicht der Mönch, wenn er beim Reden ruhig und ohne zu lachen, bescheiden und ernst, nur wenig und wohlbedacht spricht und mit der Stimme nicht lärmt, wie es heißt: "Der Weise gibt sich an gemessener Rede zu erkennen".

Die zwölfte Stufe der Demut ersteigt der Mönch, wenn er nicht bloß im Herzen demütig ist, sondern auch in seiner Körperhaltung vor aller Augen Demut bekundet; wenn er also beim Gotteslob, im Oratorium, im Kloster, im Garten, auf der Straße, auf dem Felde, oder mag er sonst irgendwo sitzen, gehen oder stehen, jederzeit das Haupt geneigt hält und mit niedergeschlagenem Blicke sich immer wegen seiner Sünden voll Schuld weiß und im Geiste schon vor dem schrecklichen Gerichte Gottes sieht. Er bete immer in seinem Herzen, wie jener Zöllner im Evangelium mit niedergeschlagenen Augen gesprochen hat: "Herr, ich Sünder bin nicht würdig, meine Augen zum Himmel zu erheben". Und wiederum sagt er mit dem Propheten: "Gebeugt bin ich und gedemütigt für und für".

Hat also der Mönch alle diese Stufen der Demut erstiegen, dann wird er bald zu jener Gottesliebe gelangen, die in ihrer Vollkommenheit die Furcht vertreibt. In der Kraft dieser Liebe wird er dann alles, was er früher nur unter dem Drucke der Furcht einhielt, von jetzt an mühelos, aus Gewohnheit beobachten, als wäre es ihm zur zweiten Natur geworden, nicht mehr aus Furcht vor der Hölle, sondern aus Liebe zu Christus, aus guter Angewöhnung und aus Freude an der Tugend. Das wird der Herr in seiner Huld an seinem Diener durch den Heiligen Geist offenbaren, wenn er sich gereinigt hat von Fehlern und Sünden.

8
VOM CHORGEBET ZUR NACHTZEIT.

Zur Winterszeit, das heißt vom ersten November bis Ostern, soll man zur achten Stunde der Nacht entsprechend der üblichen Berechnung aufstehen, so daß man also noch ein wenig über Mitternacht hinaus der Ruhe pflegen und sich dann in Wohlbefinden erheben kann. Was nach den Metten noch an Zeit übrig ist, sollen die Brüder auf das Studium des Psalteriums und der Lesungen verwenden, soweit sie dessen bedürfen. Von Ostern bis zum ersten November, wie schon gesagt, setze man die Zeit so an, daß auf die Metten eine kurze Pause folge, während der sich die Brüder leiblicher Bedürfnisse wegen entfernen können. Dann sollen sich alsbald die Laudes anschließen, die bei Tagesanbruch abgehalten werden müssen.

9
WIEVIELE PSALMEN BEIM NACHTGOTTESDIENST ZU BETEN SIND.

Während der oben bezeichneten Winterszeit werde zunächst dreimal der Vers gebetet: "Herr, öffne meine Lippen, und mein Mund wird Dein Lob verkünden". Darauf folge der dritte Psalm mit "Ehre sei dem Vater", hernach der 94. Psalm entweder mit Antiphon oder wenigstens einfach gesungen. Daran schließe sich der ambrosianische Hymnus, dann kommen sechs Psalmen mit Antiphonen. Sind diese samt dem Versikel gebetet, so gebe der Abt den Segen; dann nehmen alle auf den Bänken Platz und hierauf tragen Brüder einander ablösend aus dem Buche, das auf dem Pulte liegt, drei Lesungen vor; zwischen diesen werden noch drei Responsorien gebetet, die zwei ersten Responsorien ohne "Ehre sei dem Vater", nach der dritten Lesung soll aber der Vorsänger das "Ehre sei dem Vater" hinzufügen; sobald er damit beginnt, erheben sich sogleich alle von ihren Sitzen in tiefer Ehrfurcht vor der heiligen Dreifaltigkeit. Zu den Lesungen in den Metten verwende man die gottbeglaubigten Bücher des Alten und Neuen

Testamentes, sowie deren Auslegungen, die von den angesehenen und rechtgläubigen katholischen Vätern stammen. Nach den drei Lesungen und Responsorien kommen weitere sechs Psalmen mit Alleluja . Hernach werde ein Abschnitt aus dem Apostel auswendig vorgetragen; dann folgen die Versikel und die Litaneigebete, das heißt Kyrie eleison. Damit schließen die Metten.

10
WIE DER NACHTGOTTESDIENST ZUR SOMMERSZEIT ZU HALTEN IST.

Von Ostern bis zum ersten November behalte man die gleiche schon angegebene Zahl der Psalmen bei; dagegen fallen wegen der kürzeren Dauer der Nächte die Lesungen aus dem Buche weg; statt dieser drei Lesungen werde ein Abschnitt aus dem Alten Testament auswendig vorgetragen, worauf ein kurzes Responsorium folge. Mit allem übrigen werde es gehalten, wie oben bestimmt wurde; es dürfen also bei den Metten nie weniger als zwölf Psalmen gebetet werden, der dritte und 94. Psalm nicht gerechnet.

11

WIE DIE METTEN AN SONNTAGEN GEHALTEN WERDEN.

Am Sonntag stehe man zu den Metten früher auf. Diese Metten werden folgendermaßen gehalten: zuerst bete man, wie wir im Vorhergehenden bestimmt haben, sechs Psalmen mit einem Versikel, dann setzen sich alle in geordneter Reihe nebeneinander auf die Bänke, und es werden, wie oben gesagt, aus dem Buche vier Lesungen mit ihren Responsorien vorgetragen. Erst beim vierten Responsorium stimme der Vorsänger das "Ehre sei dem Vater" an. Sobald er damit beginnt, erheben sich alle voll Ehrfurcht. Auf diese Lesungen folgen der Reihe nach sechs andere Psalmen auch mit Antiphonen wie die früheren Psalmen, hierauf ein Versikel. Darnach kommen wieder vier andere Lesungen mit ihren Responsorien in der oben angegebenen Art und Weise. Nach diesen bete man drei Lobgesänge aus dem Prophetenbuch, wie sie der Abt bestimmt. Diese Lobgesänge werden mit Alleluja gesungen. Nach dem Versikel und dem Segen des Abtes folgen weitere vier Lesungen aus dem Neuen Testament in besagter Weise. Nach dem vierten Responsorium stimme der Abt den Hymnus "Gott wir loben Dich" an. Nach diesem Hymnus lese der Abt den Abschnitt aus dem Evangelienbuch vor; während dessen sollen alle in tiefer Ehrfurcht stehen. Am Schluß antworten alle Amen; dann beginne der Abt sofort den Hymnus "Dir gebührt Lob". Hierauf gibt er den Segen und dann fangen die Laudes an. Diese Ordnung für die Metten werde immer zur Sommers- und Winterszeit in gleicher Weise am Sonntag eingehalten, außer die Brüder stünden einmal — was nicht vorkommen soll — zu spät auf, und man müßte dann die Lesungen und Responsorien etwas abkürzen. Das suche man aber auf alle Weise zu vermeiden. Käme es doch vor, so leiste, wer es durch seine Nachlässigkeit verschuldet hat, im Gotteshause dafür gebührend Genugtuung.

12

WIE DIE FEIERLICHEN LAUDES GEHALTEN WERDEN.

Am Sonntag werde zu den Laudes zuerst der 66. Psalm einfach, ohne Antiphon, gebetet, hierauf der 50. Psalm mit Alleluja, dann der 117. und 62., der Lobgesang des Benedicite und die Laudatepsalmen, dann folge auswendig ein Abschnitt aus der Apokalypse, das Responsorium, der Hymnus, Versikel, der Lobgesang aus dem Evangelium und zum Schluß die Litaneigebete.

13
WIE DIE LAUDES AN GEWÖHNLICHEN TAGEN GEHALTEN WERDEN.

An gewöhnlichen Tagen werden die Laudes also gehalten: man bete den 66. Psalm ohne Antiphon, etwas langsam, wie am Sonntag, damit alle beim 50. Psalm zugegen sein können, der mit einer Antiphon verbunden wird. Dann folgen wie üblich zwei andere Psalmen, und zwar am Montag der fünfte und 35., am Dienstag der 42. und 56., am Mittwoch der 63. und 64., am Donnerstag der 87. und 89., am Freitag der 75. und 91" am Samstag der 142. und der Lobgesang aus dem Deuteronomium, der durch das "Ehre sei dem Vater" in zwei Teile zerlegt wird; an den übrigen Tagen werde aber jeweils der Lobgesang aus den Propheten gebetet, wie es in der römischen Kirche Brauch ist. Daran schließen sich die Laudatepsalmen, ein Abschnitt aus den Apostelbriefen auswendig, das Responsorium, der Hymnus, der Versikel, der Lobgesang aus dem Evangelium und zum Schluß die Litaneigebete.

Auf alle Fälle dürfen Laudes und Vesper nie vorübergehen, ohne daß der Obere am Schluß allen vernehmbar das Vaterunser ganz vorbete wegen der Dornen der Ärgernisse, die leicht entstehen, damit sich die Brüder, verpflichtet durch ihr Gebetsversprechen "Vergib uns, wie auch wir vergeben", von derlei Fehlern reinigen. Bei den anderen Gebetsstunden soll aber nur der Schluß des Vaterunsers laut vorgebetet werden, so daß dann alle antworten "Sondern erlöse uns vom Übel".

14
WIE AN DEN FESTTAGEN DER HEILIGEN DIE METTEN GEHALTEN WERDEN.

An den Festen der Heiligen und überhaupt an allen Feiertagen halte man es so, wie wir für den Sonntag bestimmt haben, nur nehme man solche Psalmen, Antiphonen und Lektionen, die für das betreffende Fest passen. Doch werde die oben beschriebene Ordnung beibehalten.

15
WANN DAS ALLELUJA ZU BETEN IST.

Vom heiligen Osterfest bis Pfingsten werde das Alleluja ohne Unterbrechung zu den Psalmen und Re-sponsorien gebetet; von Pfingsten bis zum Beginn der Fastenzeit beim Nachtgottesdienst nur zu den sechs letzten Psalmen der Nokturnen. An allen Sonntagen außerhalb der Fastenzeit jedoch werden die Lobgesänge, die Laudes, die Prim, die Terz, die Sext und die Non mit Alleluja gesungen, die Vesper dagegen mit Antiphonen. Zu den Responsorien wird das Alleluja nur von Ostern bis Pfingsten gebetet.

16
WIE DAS CHORGEBET WÄHREND DES TAGES ZU HALTEN IST.

Wie der Prophet sagt: "Siebenmal des Tages sing ich Dein Lob". Diese geheiligte Siebenzahl erreichen wir, wenn wir in der Morgenfrühe, zur Zeit der Prim, der Terz, der Sext, der Non, der Vesper und der Komplet die Pflichten unseres Dienstes erfüllen. Denn von diesen Tagesstunden sagt der Prophet: "Siebenmal bei Tage sing ich Dein Lob". Von den Metten zur Nachtzeit sagt derselbe Prophet: "Um Mitternacht erhob ich mich, um Dich zu preisen". Zu diesen Zeiten also wollen wir unserem Schöpfer lobsingen ob seiner gerechten Satzungen, das heißt bei den Laudes, bei der Prim, Terz, Sext, Non, Vesper und Komplet; und auch bei Nacht wollen wir aufstehen, ihn zu lobpreisen.

17
WIEVIELE PSALMEN BEI DIESEN TAGZEITEN ZU BETEN SIND.

Wir haben bisher die Psalmenordnung für die Nokturnen und die Laudes festgelegt; nun wollen wir uns mit den anderen Gebetsstunden befassen. Zur Prim werden drei Psalmen gebetet, jeder einzeln mit dem "Ehre sei dem Vater", vorher der Hymnus der betreffenden Höre nach dem Vers "Gott merk' auf meine Hilfe", ehe die Psalmen begonnen werden. Auf die drei Psalmen folgen eine Lesung, der Versikel, Kyrie eleison und die Litaneigebete. Die Terz, Sext und Non werden in der gleichen Weise abgehalten, also zuerst der Vers, dann die Hymnen dieser Hören, drei Psalmen, die Lesung mit dem Versikel, Kyrie eleison und die Litaneigebete. Ist die Klostergemeinde zahlreicher, so werden Antiphonen eingeschaltet, ist sie kleiner, dann bete man die Psalmen ohne Antiphonen.

Die Vesper bestehe aus vier Psalmen mit Antiphonen. Auf die Psalmen folge eine Lesung, dann ein Responsorium, der Hymnus, der Versikel, der Lobgesang aus dem Evangelium, die

Litanei und als Schlußgebet das Vaterunser. Die Komplet setzt sich aus drei Psalmen zusammen, die einfach, ohne Antiphon zu beten sind; nach diesen kommt der Hymnus dieser Höre, eine Lesung, Versikel, Kyrie eleison, und zum Schluß das Segensgebet.

18

IN WELCHER REIHENFOLGE DIESE PSALMEN ZU BETEN SIND.

Zuerst werde der Vers gebetet: "Gott merk' auf meine Hilfe, Herr eile mir zu helfen" und "Ehre sei dem Vater", dann folge der Hymnus einer jeden Höre. Hierauf kommen am Sonntag zur Prim vier Abschnitte des 118. Psalmes, bei den anderen Hören, also bei der Terz, Sext und Non, nehme man je drei Abschnitte desselben 118. Psalmes.

Am Montag bete man zur Prim drei Psalmen, nämlich den ersten, dritten und sechsten, und nehme dann in der gleichen Weise an den anderen Tagen bis zum Sonntag zur Prim jedesmal drei Psalmen der Reihe nach bis zum 19. Psalm; doch zerlege man den 9. und 17. Psalm in zwei Teile. So kommt es, daß man bei den Metten am Sonntag immer mit dem 20. Psalm beginnt.

Zur Terz, Sext und Non nehme man am Montag die neun noch übrigen Abschnitte des 118. Psalmes, je drei in jeder Höre. Ist so der 118. Psalm auf die beiden Tage, Sonntag und Montag, verteilt, dann werden am Dienstag zur Terz, Sext und Non je drei

Psalmen vom 119. bis zum 127., mithin neun Psalmen, gebetet. Diese Psalmen wiederhole man in gleicher Weise jedesmal bei diesen Hören bis zum Sonntag; doch bleibe die Ordnung der Hymnen, Lesungen und Versikel für alle Tage die gleiche. So fängt man am Sonntag immer mit dem 118. Psalm an.

In der Vesper werden täglich vier Psalmen gesungen, angefangen vom 109. bis zum 147. Dabei werden die Psalmen ausgenommen, die schon für einzelne Gebetszeiten eigens bestimmt sind, nämlich Psalm 117 bis 127, ferner Psalm 133 und 142; alle anderen werden in der Vesper gebetet. Da hierbei drei Psalmen fehlen, so werden von den obengenannten jene geteilt, die zu lang sind, also Psalm 138, 143 und 144. Der 116. Psalm werde seiner Kürze halber mit dem 115. zusammengenommen. Damit sind die Psalmen der Vesper bestimmt. Für das übrige, Lesung, Responsorium, Hymnus, Versikel und Lobgesang gilt das gleiche, wie wir es oben bestimmt haben. Zur Komplet werden jeden Tag dieselben Psalmen gebetet, nämlich Psalm 4, 90 und 133.

Damit ist die Ordnung der Psalmen für die Gebetszeiten untertags gegeben; alle noch übrigen Psalmen sollen gleichmäßig auf die sieben Metten verteilt werden. Doch zerlege man dabei die umfangreicheren Psalmen in zwei Teile und bestimme jedesmal zwölf Psalmen für eine Nacht. Vor allem möchten wir betonen, falls diese Verteilung der Psalmen dem einen oder anderen nicht gefällt, mag er sie nach seiner besseren Einsicht ändern, wenn er nur dabei in erster Linie darauf sieht, daß allwöchentlich das ganze Psalterium mit seinen hundertfünfzig Psalmen abgebetet werde und daß man am Sonntag jedesmal bei den Metten von vorn anfange; denn allzu geringen Eifer zeigen die Mönche in ihrem Gebetsdienst, wenn sie im Lauf einer Woche nicht den ganzen Psalter mit den üblichen Lobgesängen beten, während wir doch lesen, daß unsere heiligen Väter in ihrem Eifer an einem Tage das vollbracht haben, was wir in unserer Lauheit doch wenigstens im Lauf einer Woche leisten sollen.

19

VOM RECHTEN GEISTE BEIM PSALLIEREN.

Wir glauben, daß Gott überall zugegen ist und daß "die Augen des Herrn an jedem Ort auf Gute und Böse herabschauen". Dieser Glaube soll jedoch ganz besonders dann ohne alles Schwanken in uns lebendig sein, wenn wir beim göttlichen Dienst erscheinen. Wir müssen deshalb immer dessen eingedenk sein, was der Prophet sagt: "Dienet dem Herrn in Furcht", und: "Psallieret weise", und: "Im Angesichte der Engel will ich Dir lobsingen". Erwägen wir darum, wie man sich vor dem Angesichte Gottes und seiner Engel verhalten muß, und stehen wir so beim Psalmengebet, daß unser Geist im Einklang sei mit unserer Stimme.

20
VON DER EHRFURCHT BEIM GEBET.

Haben wir mit Hochgestellten etwas zu besprechen, so wagen wir das nur in Demut und Ehrfurcht. Wieviel mehr müssen wir zu Gott, dem Herrn des Weltalls, mit größter Demut und reinster Hingebung flehen! Und wir sollen wissen, nicht die vielen Worte, sondern Lauterkeit des Herzens und tränenvolle Zerknirschung sichern unserm Gebete die Erhörung zu. Darum sei das Gebet kurz und rein, wenn es nicht unter fühlbarem Antrieb der göttlichen Gnade verlängert wird. Das gemeinsame Gebet am Schlusse soll jedoch ganz kurz sein; alle sollen sich miteinander auf das Zeichen des Obern erheben.

21

VON DEN DEKANEN DES KLOSTERS.

Ist die Zahl der Brüder größer, dann sollen aus ihrer Mitte einige von gutem Ruf und heiligem Wandel gewählt und zu Dekanen bestellt werden. Diese sollen dann nach den Geboten Gottes und den Anweisungen ihres Abtes in allem für ihre Dekanien Sorge tragen. Zu diesem Amte berufe der Abt nur solche, denen er mit ruhigem Vertrauen einen Teil seiner Bürde übertragen kann, und es darf bei dieser Wahl nicht die Reihenfolge entscheiden, sondern nur Verdienst des Lebens und Weisheit der Lehre. Ließe sich einer dieser Dekane irgendwie von Stolz betören, und gäbe er so Anlaß zu Tadel, so werde er einmal, ein zweites und drittes Mal zurechtgewiesen; bessert er sich nicht, so setze man ihn ab, und ein anderer, würdiger trete an seine Stelle. Die gleiche Bestimmung gilt auch für den Prior.

22
WIE DIE MÖNCHE SCHLAFEN SOLLEN.

Ein jeder schlafe in einem eigenen Bette. Das Bettgerät erhalten die Mönche nach der Anordnung ihres Abtes, so wie es für sie im Kloster paßt. Wenn es möglich ist, sollen alle in einem Räume schlafen; läßt aber die große Zahl der Brüder das nicht zu, so schlafen je zehn oder zwanzig mit den Ältesten, die sie sorgsam überwachen sollen. In derselben Zeile brenne bis zum Morgen beständig ein Licht. Die Brüder sollen angekleidet schlafen, um die Lenden aber nur einen schmalen Gürtel oder einen Strick tragen, also ihre Messer während des Schlafes nicht an der Seite haben, damit sich ja keiner im Schlafe während der Nachtruhe damit verwunde; so sind die Mönche auch stets bereit, können sich auf das gegebene Zeichen unverzüglich erheben und sollen sich beeilen, einander zum Chorgebet zuvorzukommen, doch mit allem Ernst und aller Bescheidenheit. Die jüngeren Brüder dürfen die Betten nicht nebeneinander haben, sondern zwischen denen der älteren. Wenn sie sich zum

Gottesdienst erheben, sollen sie einander bescheiden ermuntern, damit die Schläfrigen keine Entschuldigung haben.

23
VON DER AUSSCHLIESSUNG BEI VERFEHLUNGEN.

Wenn ein Bruder widerspenstig oder ungehorsam oder stolz ist, wenn er murrt oder in einem Punkte der heiligen Regel und den Anordnungen seiner Obern zuwiderhandelt, und wenn es erwiesen ist, daß er sich aus Verachtung so benimmt, soll er nach dem Gebot unseres Herrn einmal und noch ein zweites Mal von seinem Obern im geheimen ermahnt werden. Bessert er sich nicht, so werde er öffentlich vor allen getadelt. Tritt auch jetzt keine Besserung ein, so verfalle er der Ausschließung, wenn er die Bedeutung dieser Strafe versteht. Macht aber das auf ihn keinen Eindruck, dann werde körperliche Züchtigung bei ihm angewendet.

24
VON DEN VERSCHIEDENEN ARTEN DER AUSSCHLIESSUNG.

Nach dem Maß der Schuld muß sich auch das Maß der Ausschließung und der Züchtigung bestimmen, und es ist Sache des Abtes, dieses Maß der Verschuldung zu beurteilen. Bei leichteren Vergehen werde jedoch ein Bruder von der Teilnahme am Tisch ausgeschlossen. Für den vom Tisch Ausgeschlossenen gilt folgendes: er darf im Chor keinen Psalm und keine Antiphon anstimmen und keine Lesung vortragen, bis er Genugtuung geleistet hat. Sein Essen erhalte er allein nach der Mahlzeit der Brüder; wenn also die Brüder z. B. zur sechsten Stunde essen, dann er zur neunten, wenn jene zur neunten, er am Abend, und das solange, bis er nach entsprechender Buße Verzeihung erlangt.

25

VON SCHWEREN VERFEHLUNGEN.

Macht sich ein Bruder eines schwereren Vergehens schuldig, so werde er zugleich von Tisch und Chor ausgeschlossen. Kein Bruder darf irgendwie mit ihm verkehren oder mit ihm reden. Allein sei er bei der ihm aufgetragenen Arbeit, verharre in Bußtrauer und denke immer an jenen furchtbaren Ausspruch des Apostels, "ein solcher Mensch sei dem Verderben des Fleisches übergeben, damit der Geist gerettet werde für den Tag des Herrn". Das Essen bekomme er gesondert in dem Maß und zu der Zeit, wie er es nach dem Urteil des Abtes verdient. Auch darf ihm keiner beim Vorübergehen den Segensgruß bieten noch darf die Speise gesegnet werden, die man ihm reicht.

26

VON DENEN, DIE OHNE AUFTRAG MIT AUSGESCHLOSSENEN VERKEHREN.

Wenn sich ein Bruder vermißt, ohne Geheiß des Abtes mit einem Ausgeschlossenen irgendwie zu verkehren, mit ihm zu reden oder ihm etwas mitteilen zu lassen, so treffe ihn die gleiche Strafe der Ausschließung.

27

WIE DER ABT FÜR DIE AUSGESCHLOSSENEN BESORGT SEIN SOLL.

Die größte Sorgfalt wende der Abt den fehlenden Brüdern zu; denn "nicht Gesunde bedürfen des Arztes, sondern Kranke". Deshalb soll er ganz so verfahren wie ein kluger Arzt, er soll Sympäkten zu dem Bruder schicken, das heißt ältere, verständige Brüder, die wie im Vertrauen den hin- und herschwankenden Mitbruder beruhigen, zu demütiger Genugtuung bewegen und trösten sollen, "damit er nicht in übermäßige Traurigkeit versinke"; es soll vielmehr, wie der Apostel sagt, "die Liebe gegen ihn erstarken", und alle sollen für ihn beten.

Der Abt muß seine ganze Sorge darauf richten und mit aller Klugheit und Umsicht dem Ziele zustreben, daß er keines der ihm anvertrauten Schafe verliere. Er soll nämlich wissen, daß er die Sorge für kranke Seelen übernommen hat, nicht eine Zwingherrschaft über Gesunde. Er sei in Angst vor der Drohung, die Gott dem Propheten in den Mund legt: "Was euch fett erschien, habt ihr für euch genommen, was aber schwach war, habt ihr weggeworfen". Und er ahme das rührende Beispiel des guten Hirten nach, der die neunundneunzig Schafe auf dem Gebirge zurückließ und sich aufmachte, das eine Schäflein zu suchen, das in die Irre gegangen war; solches Mitleid hatte er mit dessen Schwäche, daß er es huldvoll auf seine Schultern nahm und so zur Herde zurücktrug.

28

VON DENEN, DIE TROTZ ÖFTERER BESTRAFUNG SICH NICHT BESSERN WOLLEN.

Wenn ein Bruder wegen irgendeines Fehlers wiederholt zurechtgewiesen wurde, aber sogar trotz der Ausschließung sich nicht bessert, so werde eine schärfere Strafe gegen ihn in Anwendung gebracht, das heißt, man schreite zu körperlicher Züchtigung. Wenn er sich auch jetzt noch nicht bessert, oder etwa, was nie geschehen möge, im Hochmut seine Handlungsweise sogar noch rechtfertigen wollte, so verfahre der Abt wie ein verständiger Arzt: wenn er lindernde Mittel angewendet hat, die Salben der Ermahnung, die Arznei der göttlichen Schriften, zuletzt das Brenneisen der Ausschließung oder körperlicher Züchtigung, und muß er dann sehen, wie alle seine Bemühungen fruchtlos bleiben, so greife er zu einem noch wirksameren Mittel, er bete für ihn und lasse alle Brüder für ihn beten, auf daß der Herr, der alles vermag, dem kranken Bruder die Gesundheit schenke. Bewirkt auch dieses Mittel nicht seine Heilung, dann erst gebrauche der Abt das

Messer zum Lostrennen nach dem Worte des Apostels: "Schaffet den Bösen fort aus eurer Mitte", und an einer andern Stelle: "Will der Untreue gehen, so gehe er", damit nicht das eine räudige Schaf die ganze Herde anstecke.

29

OB BRÜDER WIEDER AUFGENOMMEN WERDEN DÜRFEN, DIE DAS KLOSTER VERLASSEN.

Verläßt ein Bruder aus eigener Schuld das Kloster, und will er dann wieder zurückkehren, so muß er zuerst vollkommene Besserung in jener Sache versprechen, derentwegen er fortgegangen ist. Dann nehme man ihn an den letzten Platz auf, damit dadurch seine Demut erprobt werde. Tritt er nochmals aus, so werde er bis zu drei Malen in derselben Weise wieder aufgenommen; aber dann muß er wissen, daß von da an für ihn jede Möglichkeit einer Rückkehr ausgeschlossen ist.

30
VON DER BESTRAFUNG JÜNGERER KNABEN.

Jede Alters- und Bildungsstufe erheischt besondere Behandlung. Lassen sich demnach Knaben, jüngere Brüder oder solche etwas zuschulden kommen, denen das Verständnis dafür abgeht, welch große Strafe die Ausschließung ist, so züchtige man sie mit strengem Fasten oder bestrafe sie mit empfindlichen Streichen, damit sie so gebessert werden.

31
WELCHE EIGENSCHAFTEN DER CELLERAR DES KLOSTERS HABEN SOLL.

Zum Cellerar des Klosters soll einer aus der Gemeinde bestellt werden, der weise, reif an Charakter, nüchtern, mäßig im Essen, nicht stolz, nicht ungestüm, nicht verletzend, nicht saumselig, nicht verschwenderisch ist, vielmehr Gott fürchtet und für die ganze Gemeinde wie ein Vater sorgt. Er trage für alles Sorge, tue nichts ohne Geheiß des Abtes. Er halte sich genau an das, was ihm aufgetragen ist. Er betrübe die Brüder nicht. Stellt etwa ein Bruder an ihn eine unvernünftige Forderung, so kränke er ihn nicht durch Geringschätzung, sondern weise mit Gründen bescheiden die unpassende Bitte zurück. Er habe auf seine Seele acht, stets eingedenk des Apostelwortes: "Wer seinen Dienst gut versieht, erringt sich eine ehrenvolle Stufe". Der Kranken, Kinder, Gäste und Armen nehme er sich mit aller Sorgfalt an, fest überzeugt, daß er wegen dieser aller am Tage des Gerichtes wird Rechenschaft ablegen müssen. Alle Gerätschaften und das ganze Besitztum des Klosters seien ihm so heilig wie Gefäße des Altares. Nichts erscheine ihm unwichtig.

Er hüte sich vor Geiz, sei aber auch kein Verschwender und kein Vergeuder des Klostergutes, sondern halte in allem das rechte Maß ein und handle so, wie es ihm der Abt befiehlt.

Vor allem soll er Demut besitzen, und kann er einem nichts anderes geben, so schenke er doch eine freundliche Antwort; es steht ja geschrieben: "Ein gutes Wort ist besser als die beste Gabe". Seine Sorge erstrecke sich auf alles, was ihm der Abt aufträgt; er mische sich aber nicht in Dinge, die ihm der Abt nicht unterstellt. Er gewähre den Brüdern das festgesetzte Maß der Nahrung ohne hochfahrendes Wesen und ohne Zögern, damit sie kein Ärgernis daran nehmen, er denke an die Strafe, die nach göttlichem Ausspruch verdient, wer eines der Kleinen ärgert. Ist die Klostergemeinde zahlreich, so sollen ihm Gehilfen gegeben werden, die ihn unterstützen, damit auch er das übertragene Amt mit Gleichmut verwalten kann. Zu bestimmten Stunden werde verabreicht, was zu geben, und erbeten, was zu erbitten ist, auf daß niemand im Hause Gottes in Unruhe oder Traurigkeit versetzt werde.

32

VON DEN GERÄTSCHAFTEN UND SONSTIGEN GEGENSTÄNDEN DES KLOSTERS.

Über alles, was das Kloster an Gerätschaften, Kleidungsstücken und sonstigen Dingen zu eigen hat, setze der Abt Brüder, auf deren Lebensführung er sich verlassen kann. Er weise ihnen, wie er es für gut findet, alles im einzelnen an, was sie zu überwachen und wieder einzufordern haben. Der Abt führe ein Verzeichnis von all diesem, damit er jederzeit wisse, was er weggibt und was er zurückbekommt, wenn die Brüder einer nach dem andern jene Gegenstände zugewiesen erhalten. Behandelt aber einer die Sachen des Klosters unreinlich oder nachlässig, so werde er getadelt; bessert er sich nicht, dann treffe ihn die von der Regel bestimmte Strafe.

33
OB DIE MÖNCHE ETWAS ALS EIGENTUM BESITZEN DÜRFEN.

Vor allem muß dieses Übel mit der Wurzel aus dem Kloster ausgerottet werden. Keiner darf sich erlauben, ohne Gutheißung des Abtes etwas zu verschenken oder anzunehmen oder etwas zu eigen zu haben, durchaus nichts, kein Buch, keine Schreibtafel, keinen Griffel, überhaupt gar nichts; denn die Mönche können nicht einmal über ihren eigenen Leib und ihren Willen frei verfügen; dagegen sollen sie alles, was sie brauchen, vom Vater des Klosters erwarten, nur soll es nicht erlaubt sein, etwas zu besitzen, was der Abt nicht gegeben oder zugestanden hat. Allen sei alles gemeinsam, wie geschrieben steht, und keiner nenne etwas sein eigen oder beanspruche etwas. Stellt es sich heraus, daß einer an diesem sehr schlimmen Laster seine Freude hätte, so soll er einmal und noch ein zweites Mal gemahnt werden; bessert er sich nicht, dann werde er gestraft.

34

OB ALLE IN GLEICHER WEISE DAS NOTWENDIGE BEKOMMEN SOLLEN.

Man soll es halten, wie geschrieben steht: "Einem jeden wurde zugeteilt nach Bedarf". Damit wollen wir aber nicht sagen, es dürfe ein Ansehen der Person gelten — das sei ferne —, vielmehr achte man auf die schwachen Kräfte der einzelnen. Wer weniger braucht, danke Gott und betrübe sich nicht, wem aber mehr von-nöten ist, der verdemütige sich wegen seiner Schwäche und überhebe sich nicht wegen der liebevollen Rücksicht. So bleiben dann alle Glieder im Frieden. Vor allem darf nie das Laster des Murrens bei irgendeinem Anlaß in irgendeinem Wort oder Zeichen zum Vorschein kommen. Wird einer auf diesem Fehler ertappt, so verhänge man eine schärfere Strafe über ihn.

35
VOM WOCHENDIENST IN DER KÜCHE.

Die Brüder sollen sich gegenseitig bedienen, so daß keiner vom Küchendienst entschuldigt sei, außer er wäre krank oder durch ein wichtiges Geschäft in Anspruch genommen; denn auf diese Weise steigert sich Verdienst und Liebe. Den Schwachen gebe man aber Gehilfen, damit sie ihren Dienst ohne Traurigkeit versehen können. Überhaupt soll man allen Hilfe gewähren je nach der Größe der Klostergemeinde und nach der örtlichen Lage. Ist die Gemeinde zahlreich, dann bleibe der Cellerar vom Küchendienst ausgenommen, ebenso, wie schon gesagt, wenn einem wichtigere Geschäfte obliegen. Alle übrigen sollen einander in Liebe bedienen. Wer den Wochendienst beendet, nehme am Samstag die Reinigung vor; er wasche die Tücher, womit sich die Brüder Hände und Füße abtrocknen. Die Füße soll allen Brüdern waschen, wer mit dem Dienst beginnt, wie auch, wer ihn beschließt. Das Geräte, das zu seinem Dienste gehört, gebe er gereinigt und unbeschädigt dem Cellerar zurück. Dieser weise es dann dem Bruder an, der mit dem Dienst beginnt; so kann er immer wissen, was er hergibt und was er zurückerhält.

Die den Wochendienst versehenden Brüder erhalten eine Stunde vor dem Essen über das festgesetzte Maß hinaus noch etwas zu trinken und zu essen, damit sie zur Stunde der Mahlzeit ohne Murren und ohne große Anstrengung ihre Brüder bedienen können; an den Festtagen müssen sie jedoch bis nach der Messe warten. Die Brüder, die mit dem Wochendienst beginnen und die ihn beschließen, sollen sich am Sonntag gleich nach Schluß der Laudes vor allen auf die Kniee niederwerfen und um das Gebet bitten. Wessen Dienst zu Ende geht, der bete den Versikel "Gepriesen bist Du, Herr Gott, daß Du mir geholfen und mich getröstet hast". Ist dieser Vers dreimal wiederholt, und hat er den Segen bekommen, dann beginne der Bruder, der den Wochendienst antritt, und bete: "Gott merkt auf meine Hilfe, Herr eile mir zu helfen". Auch dieser Vers werde dreimal von allen nachgesprochen; worauf jener den Segen erhält und dann seinen Dienst antritt.

36

VON DEN KRANKEN BRÜDERN.

Die Sorge für die Kranken gehe vor allem und über alles. Man soll ihnen demnach so dienen wie Christus, dem man ja wirklich in ihnen dient; denn er hat gesagt: "Ich war krank und ihr habt mich besucht", und: "Was ihr einem dieser Geringsten getan, habt ihr mir getan". Doch mögen auch die Kranken bedenken, daß man ihnen Gott zuliebe dient, und deshalb die pflegenden Brüder nicht durch übergroße Ansprüche betrüben. Allein auch dann müßte man sie geduldig ertragen, da sich an solchen mehr Verdienst erwerben läßt. Es sei also eine Hauptsorge für den Abt, daß sie in keinem einzigen Punkte vernachlässigt werden. Diesen kranken Brüdern werde eine eigene Zelle zur Verfügung gestellt und ein gottesfürchtiger, eifriger, treubesorgter Wärter. Den Gebrauch von Bädern biete man den Kranken an, so oft es zuträglich ist; den Gesunden aber und vor allem den Jüngeren werde er nicht so leicht gestattet. Auch der Genuß von Fleischspeisen werde den ganz schwachen Kranken zur Stärkung erlaubt; wenn sie dann wieder mehr zu

Kräften gekommen sind, sollen sich alle in gewohnter Weise des Fleisches enthalten. Herzenssache soll es dem Abte sein, dafür zu sorgen, daß die Kranken von den Celleraren und Wärtern nicht vernachlässigt werden. Er trägt eben die Verantwortung für alles, was sich seine Jünger zuschulden kommen lassen.

37

VON DEN GREISEN UND KINDERN.

Obwohl die menschliche Natur schon von selbst zum Mitleid neigt mit den beiden Altersstufen der Greise und Kinder, soll doch auch die Regel mit ihrer verpflichtenden Kraft für sie eintreten. Man trage stets ihrer Schwächlichkeit Rechnung. Was die Nahrung anlangt, soll für sie die Regel nicht in ihrer ganzen Strenge bindend sein, vielmehr lasse man liebevolle Rücksicht gegen sie walten und gebe ihnen schon vor den festgesetzten Stunden zu essen.

38
VOM WOCHENDIENSTE DES VORLESERS.

Bei den Mahlzeiten der Brüder darf nie die Lesung fehlen. Doch soll nicht der nächste beste das Buch zur Hand nehmen und daraus vorlesen, sondern für die ganze Woche ein Leser bestimmt werden, der am Sonntag damit anfange. Dieser soll nach der Messe und Kommunion alle um ihr Gebet bitten, auf daß Gott den Geist des Hochmuts von ihm fernhalte. Er bete im Oratorium den Vers: "Herr, öffne meine Lippen, und mein Mund wird Dein Lob verkünden", und alle beten ihn dreimal nach. Hierauf erhalte er den Segen und beginne dann mit dem Vorlesen. Und tiefste Stille soll herrschen, so daß kein Geflüster und keine Stimme vernommen wird außer allein die des Vorlesers. Was die Brüder aber beim Essen und Trinken bedürfen, mögen sie sich gegenseitig so darreichen, daß keiner um etwas zu bitten braucht. Fehlt aber doch etwas, so erbitte man es lieber durch irgendein vernehmbares Zeichen als mit Worten. Auch erlaube sich keiner bei Tisch über die Lesung oder sonst etwas eine Frage zu stellen, damit kein Anlaß gegeben werde, es sei denn, daß der Obere vielleicht zur Erbauung eine kurze Bemerkung machen wollte. Der Bruder, der in der Woche lesen muß, bekomme aber vor dem Lesen etwas gemischten Wein wegen der heiligen Kommunion, und damit ihm nicht etwa das Fasten zu beschwerlich falle. Nachher esse er dann zusammen mit den Küchen- und Tischdienern jener Woche. Übrigens sollen die Brüder nicht der Reihe nach vorlesen und singen, sondern nur, wer die Zuhörer erbaut.

39
VOM MASSE DER SPEISEN.

Wir glauben, daß zur täglichen Hauptmahlzeit, sei sie zur sechsten oder neunten Stunde, für jeden Tisch zwei gekochte Speisen ausreichen und so die schwächliche Gesundheit mancher genügend berücksichtigt sei; denn vermag einer etwa von der einen nicht zu essen, dann kann er sich an der andern sättigen. Zwei gekochte Speisen sollen also für alle Brüder genügen, und wenn noch Obst oder junges Gemüse zu haben ist, so werde ein drittes Gericht dazu gegeben. Ein gut gewogenes Pfund Brot soll für den Tag ausreichen, ob man nur einmal ißt oder zu Mittag und zu Abend. Ißt man auch zu Abend, so behalte der Cellerar den dritten Teil dieses Pfundes zurück, um es beim Abendtisch zu geben. War die Arbeit etwa anstrengender gewesen, so bleibt es dem freien Ermessen des Abtes anheimgestellt, mehr zu gewähren, wenn dies zuträglich ist. Doch muß vor allem Unmäßigkeit vermieden werden, und nie darf sich ein Mönch übersättigen. Nichts paßt ja so wenig schon für jeden Christen wie Völlerei nach dem

Ausspruch unseres Herrn: "Sehet zu, daß eure Herzen sich nicht mit Völlerei beschweren". Knaben in zartem Alter werde nicht das gleiche Maß gereicht wie den Erwachsenen, sondern ein geringeres. Überall sehe man auf Sparsamkeit. Vom Genuß des Fleisches vierfüßiger Tiere müssen sich alle vollständig enthalten, mit Ausnahme der ganz schwachen Kranken.

40

VOM MASSE DES GETRÄNKES.

"Jeder hat eine besondere Gabe von Gott, der eine so, der andere so". Deshalb bestimmen wir mit einer gewissen Ängstlichkeit das Maß der Nahrung für andere. Indem wir nun die Bedürfnisse der Schwachen in Rechnung ziehen, glauben wir, daß für jeden täglich eine Hemina Wein ausreicht. Wem aber Gott die Kraft verleiht, sich des Weines ganz zu enthalten, der wisse, daß er besonderen Lohn empfangen wird.

Sollten Ortsverhältnisse, Arbeit oder Sommerhitze mehr erheischen, so sei es dem freien Ermessen des Oberen überlassen, doch muß er immer darauf achten, daß sich nie volle Sättigung oder gar Trunkenheit einstellt. Wir lesen zwar, Wein zu trinken passe für Mönche überhaupt nicht; allein, da man in unserer Zeit die Mönche nicht zu dieser Überzeugung bringen kann, wollen wir uns wenigstens damit zufrieden geben, daß wir nie bis zur Sättigung trinken, sondern etwas weniger. Denn "der

Wein verleitet sogar die Weisen zum Abfall". Wenn aber die örtliche Lage es mit sich bringt, daß das oben angegebene Maß nicht beschafft werden kann, sondern nur ein viel geringeres oder ganz und gar nichts, dann soll, wer da wohnt, Gott preisen und nicht murren. Das schärfen wir vor allem ein, daß keiner murre.

41

ZU WELCHEN STUNDEN MAN DIE MAHLZEIT EINNEHMEN SOLL.

Vom heiligen Osterfest bis Pfingsten sollen die Brüder um die sechste Stunde und am Abend essen. Von Pfingsten an sollen die Mönche den ganzen Sommer hindurch, wenn sie keine Feldarbeit haben und die Hitze nicht drückend ist, am Mittwoch und Freitag bis zur neunten Stunde fasten, an den übrigen Tagen das Mittagessen zur sechsten Stunde nehmen. Wenn es Feldarbeiten gibt oder die Sommerhitze übergroß ist, esse man an allen Tagen zur sechsten Stunde, und der Abt soll hierfür Sorge tragen. Er muß überhaupt alles in der Weise maßvoll anordnen und bestimmen, daß die Seelen gerettet werden und die Brüder ihre Pflichten ohne Grund zu Klagen erfüllen. Vom 14. September bis zum Anfang der Fastenzeit essen die Brüder immer zur neunten Stunde, in der Fastenzeit bis Ostern gegen abend. Doch werde die Vesper so zeitig gehalten, daß die Brüder bei Tisch keines Lampenlichtes bedürfen, daß sich vielmehr alles noch bei Tageslicht vollbringen lasse. Die

Stunde für die Mahlzeit werde also immer, sei es, daß man zweimal oder nur einmal ißt, so angesetzt, daß alles noch am Tage geschehen kann.

42
DASS NACH DER KOMPLET NIEMAND MEHR SPRECHEN DARF.

Allezeit müssen sich die Mönche des Schweigens befleißen, ganz besonders aber während der Stunden der Nacht. Deshalb sollen sie jederzeit, mag ein Fasttag sein oder mögen sie auch zu Mittag essen, und zwar, wenn es die Tage des Mittagessens sind, unmittelbar nach dem Abendtisch, sich alle zusammensetzen, und einer soll aus den Collationes oder den Lebensbeschreibungen der Väter oder sonst aus einem erbaulichen Buche vorlesen, nicht aber aus dem Heptateuch oder den Büchern der Könige; denn für schwache Gemüter wäre es nicht zuträglich, zu dieser Stunde jene Teile der Schrift zu hören, man lese sie vielmehr zu anderer Tageszeit. Ist aber Fasttag, so sollen sie nach der Vesper und einer kurzen Pause alsbald, wie schon gesagt, mit der Lesung aus den Collationes beginnen. Es sollen vier oder fünf Blätter gelesen werden, oder soviel eben die Zeit erlaubt. Während so vorgelesen wird, kommen alle herbei, wenn etwa einer im Gehorsam mit einem anderen Auftrag beschäftigt gewesen war. Sind alle beisammen, so beten sie die Komplet. Nach dieser ist es keinem mehr erlaubt, noch etwas zu reden. Fände sich einer, der diese Regel des Stillschweigens übertritt, so werde er strenge bestraft, außer wenn dies der Gäste wegen geschehen muß, oder wenn einem der Abt etwa einen Auftrag erteilt hat; aber auch dann geschehe es mit gemessenem Ernst und bescheidener Zurückhaltung.

43
VON DENEN, DIE ZUM GOTTESLOB ODER ZU TISCH ZU SPÄT KOMMEN.

Sobald man zur Stunde des göttlichen Dienstes das Zeichen vernommen hat, muß man alles aus der Hand legen und in größter Eile herbeikommen, jedoch mit Ernst, um nicht zur Leichtfertigkeit Anlaß zu geben. Dem gemeinsamen Gotteslob darf demnach nichts vorgezogen werden.

Kommt ein Bruder beim Nachtgottesdienst nach dem Gloria des 94. Psalmes, den man daher — so wünschen wir es — ganz gedehnt und langsam singen soll, so darf er nicht seinen gewöhnlichen Platz im Chor einnehmen, sondern stelle sich an den letzten Platz unter alle hin oder an den besonderen Platz, den der Abt für solche Nachlässige bestimmt hat, damit er selbst und alle andern sie sehen können; dort bleibe er, bis er am Schlüsse des Chorgebetes öffentlich Buße getan hat. Aus dem Grunde finden wir es gut, solche am letzten oder an einem abgesonderten Platze stehen zu lassen, daß sie von allen gesehen und schon durch diese Beschämung gebessert werden. Blieben sie nämlich außerhalb des Gotteshauses, dann könnte vielleicht der eine oder andere sich wieder zurückziehen und schlafen oder sonst draußen sich niedersetzen und mit Geschwätz seine Zeit vertreiben; dadurch wird dem Bösen Anlaß gegeben. Daher sollen sie hineingehen, damit sie nicht das Ganze versäumen und sich künftighin bessern. Wer bei den Hören untertags nach dem Vers und dem Gloria des ersten Psalmes, der auf den Vers folgt, noch nicht zum Chorgebet erschienen ist, soll nach obiger Bestimmung am letzten Platze stehen und darf, bevor er nicht Genugtuung geleistet hat, sich nicht erlauben, dem Chore der psallierenden Briftier sich anzuschließen, es sei denn, der Abt lasse die Schuld nach und gebe die Erlaubnis dazu, doch nur unter der Voraussetzung, daß der Schuldige für seinen Fehler Buße tue.

Wer aber bei Tisch nicht vor dem Vers da ist, so daß alle miteinander den Vers sprechen und beten und sich gleichzeitig zu Tische setzen, wer also aus Nachlässigkeit und eigener Schuld nicht rechtzeitig kommt, soll deshalb einmal und ein zweites Mal getadelt werden; bessert er sich dann nicht, so werde er nicht zum gemeinschaftlichen Tische zugelassen, sondern esse allein, abgesondert von allen und auch ohne seinen Anteil an Wein, bis er Buße getan und sich gebessert hat. Eine ähnliche Strafe treffe den, der beim Vers nach dem Essen nicht zugegen ist. Auch erlaube sich keiner, vor oder nach der festgesetzten Stunde etwas zu essen oder zu trinken. Wer etwas zurückweist, was ihm der Obere anbietet, auch der soll zu der Stunde, da er das gleiche, was er früher ausgeschlagen hat, oder etwas anderes haben möchte, durchaus nichts erhalten, bis er sich gehörig gebessert hat.

44
WIE DIE AUSGESCHLOSSENEN GENUGTUUNG LEISTEN SOLLEN.

Wer wegen eines schweren Vergehens von Chor und Tisch ausgeschlossen ist, soll sich während der Zeit, da das Chorgebet gehalten wird, vor der Türe des Oratoriums auf den Boden niederwerfen, schweigend liegen bleiben und mit dem Angesicht den Boden berühren, zu den Füßen aller, die aus dem Gotteshause kommen. Und er soll das solange tun, bis der Abt die Buße für genügend hält. Ruft ihn dann der Abt herbei, so werfe er sich vor ihm und hierauf vor allen nieder, damit sie für ihn beten. Wenn dann der Abt den Auftrag erteilt, soll er in den Chor und an den vom Abte bestimmten Platz wieder aufgenommen werden; doch darf er es nicht wagen, im Oratorium einen Psalm oder eine Lesung oder sonst etwas vorzutragen, es sei denn, der Abt befehle auch das. Bei allen Gebetszeiten muß er sich am Schlüsse des Gotteslobes an seinem Platze zur Erde niederwerfen; so leiste er Genugtuung, bis ihm der Abt wieder gebietet, von dieser Buße nunmehr abzulassen. Wer aber wegen geringer Verschuldung nur von Tisch ausgeschlossen ist, leiste im Gotteshause Genugtuung, solang es der Abt befiehlt. Er tue das, bis er den Segen gibt und spricht: "Es genügt".

45

VON DENEN, DIE IM CHORE FEHLER MACHEN.

Wer beim Beten eines Psalmes, eines Responsoriums, einer Antiphon oder bei einer Lesung Fehler macht und sich nicht durch Buße dort vor allen dafür verdemütigt, den treffe schwerere Strafe, weil er nicht durch Verdemütigung wieder gutmachen wollte, was er durch Nachlässigkeit verschuldet hat. Knaben aber werden für derlei Fehler mit Schlägen gezüchtigt.

46
VON DENEN, DIE SICH IN IRGENDWELCHEN ANDEREN DINGEN VERGEHEN.

Wenn sich einer bei irgendeiner Arbeit, in der Küche, in der Speisekammer, beim Tischdienst, in der Bäckerei, im Garten, bei einem Handwerk oder sonst irgendwo etwas zuschulden kommen läßt, etwas zerbricht oder verliert oder sonst an irgendeinem Orte sich irgendwie verfehlt, dann aber nicht sogleich kommt, vor dem Abt und der Gemeinde aus freien Stücken Buße tut und seinen Fehler eingesteht, so treffe ihn eine schärfere Strafe, wenn jener Fehler durch einen anderen bekannt geworden ist. Handelt es sich aber um eine in der Seele verborgene Sünde, so offenbare man sie nur dem Abt oder den Seelenführern, die es verstehen sollen, eigene und fremde Wunden zu heilen, ohne sie aufzudecken und ans Licht zu bringen.

47
VOM ZEICHEN ZUM GOTTESDIENST.

Für das Zeichen zum Gottesdienst zu sorgen, soll bei Tag, und Nacht Aufgabe des Abtes sein. Er gebe dieses Zeichen entweder selbst oder betraue mit der Sorge hierfür einen so zuverlässigen Bruder, daß alles zu den festgesetzten Stunden vollzogen wird. Psalmen aber und Antiphonen stimmen nach dem Abte jene der Reihe nach an, die den Auftrag erhalten. Zu singen oder vorzulesen nehme sich keiner heraus, außer wer imstande ist, diese Aufgabe so zu erfüllen, daß die Zuhörer erbaut werden. Das soll mit Demut, Würde und Furcht geschehen und von dem, dem der Abt es befiehlt.

48

VON DER TÄGLICHEN HANDARBEIT.

Müßiggang ist ein Feind der Seele. Deshalb müssen sich die Brüder zu bestimmten Zeiten mit Handarbeit und wieder zu bestimmten Stunden mit heiliger Lesung beschäftigen. Wir glauben daher für beides die Zeit durch folgende Bestimmung zu regeln: von Ostern bis zum 14. September verrichten die Brüder von der Frühe nach Schluß der Prim bis nahe an die vierte Stunde die notwendigen Arbeiten. Von der vierten bis ungefähr zur sechsten Stunde beschäftigen sie sich mit Lesung. Wenn sie nach der sechsten Stunde sich vom Tisch erheben, sollen sie in tiefem Schweigen auf ihren Betten ausruhen, oder, wer es etwa vorzieht zu lesen, lese so für sich allein, daß er einen andern nicht stört. Die Non werde etwas früher gehalten um die Mitte der achten Stunde, und dann verrichten sie bis zur Vesper wieder die notwendige Arbeit. Wenn es aber die örtliche Lage oder Armut verlangte, daß die Brüder selbst die Feldfrüchte einernteten, sollen sie darüber nicht ungehalten sein. Dann sind sie ja in Wahrheit Mönche, wenn sie, gleich unseren Vätern und den Aposteln, von der Arbeit ihrer Hände leben. Doch soll der Schwachen wegen alles mit Maß geschehen.

Vom 14. September bis zum Anfang der Fastenzeit sollen sie bis zum Ende der zweiten Stunde der Lesung obliegen. Zur zweiten Stunde bete man die Terz, dann seien alle bis zur neunten Stunde wieder bei der ihnen zugewiesenen Arbeit. Auf das erste Zeichen zur Non verlasse jeder seine Arbeit und halte sich bereit, bis das zweite Zeichen gegeben wird. Nach dem Essen beschäftigen sie sich mit ihren Lesungen oder mit Psalmenstudium.

Während der Tage der Fasten aber ist von der Frühe bis zum Ende der dritten Stunde Zeit für Lesung; dann verrichten sie bis zum Ende der zehnten Stunde die ihnen aufgetragene Arbeit. Für diese Tage der Fastenzeit erhalte jeder ein Buch aus der Bibliothek, das er von Anfang an ganz lesen soll. Diese Bücher müssen am Anfang der Fasten ausgeteilt werden. Es sollen aber vor allem einer oder zwei ältere Brüder den Auftrag erhalten, zu den Stunden, wenn die Brüder der Lesung obliegen, durch das Kloster zu gehen und nachzusehen, ob sich nicht ein träger Bruder finde, der anstatt eifrig zu lesen, müßig ist oder schwätzt und so nicht bloß selber keinen Nutzen davon hat, sondern sogar noch andere stört. Fände sich ein solcher, was ferne sei, so werde er einmal und noch ein zweites Mal zurechtgewiesen; bessert er sich nicht, dann verhänge man über ihn die von der Regel vorgesehene Strafe und zwar so, daß die anderen Furcht bekommen. Kein Bruder darf zu ungehöriger Zeit mit einem anderen verkehren.

Auch am Sonntag sollen sich alle mit Lesung beschäftigen mit Ausnahme derer, die mit den verschiedenen Ämtern betraut sind. Wäre aber einer so nachlässig und träge, daß er betrachten oder lesen nicht mag oder nicht kann, so gebe man ihm eine andere Beschäftigung, damit er nicht müßig bleibe. Kranken oder an harte Arbeit nicht gewöhnten Brüdern weise man solche Arbeit oder solche Beschäftigung an, daß sie nicht untätig seien und auch nicht durch die Last der Arbeit niedergedrückt werden oder schließlich noch das Kloster verlassen. Auf ihre Schwäche soll der Abt Rücksicht nehmen.

49
VON DER BEOBACHTUNG DER VIERZIGTÄGIGEN FASTENZEIT.

Das Leben eines Mönches sollte eigentlich jederzeit den Stempel der Fastenzeit tragen; allein da nur wenige eine solche Tugendkraft besitzen, ermahnen wir, in diesen Tagen der Fasten das Leben in aller Reinheit zu bewahren, zugleich auch alle Versäumnisse anderer Zeit in diesen heiligen Tagen zu tilgen. Das geschieht dann in würdiger Weise, wenn wir uns vor jedem Fehler hüten, uns des Gebetes mit Tränen, der Lesung, der Zerknirschung des Herzens und der Abtötung befleißen. Daher wollen wir während dieser Tage zu unseren gewöhnlichen, pflichtschuldigen Übungen noch etwas hinzufügen, besondere Gebete, Abbruch an Speis und Trank. So möge ein jeder über das ihm vorgezeichnete Maß freiwillig in der Freude des Heiligen Geistes Gott etwas darbringen, d. h. seinem Körper etwas entziehen an Speis, an Trank, an Schlaf, sich einschränken im Reden, im Scherzen, und voll der Freude geistiger Sehnsucht dem heiligen Osterfest entgegenharren. Was ein jeder darbieten will, soll er jedoch seinem Abte mitteilen, und es geschehe mit seinem Gebet und nach seinem Willen; denn was man ohne Erlaubnis des geistlichen Vaters tut, wird als Überhebung und eitle Ruhmsucht, nicht als Verdienst angerechnet. Alles geschehe demnach mit Gutheißung des Abtes.

50
VON DEN BRÜDERN, DIE WEIT ENTFERNT VOM GOTTESHAUS ARBEITEN ODER AUF REISEN SIND.

Brüder, die weit entfernt bei der Arbeit sind und zur bestimmten Stunde nicht zum Oratorium kommen können, sollen, wenn dies nach dem Urteile des Abtes wirklich zutrifft, das Chorgebet am Orte der Arbeit verrichten und dort in Gottesfurcht die Kniee beugen. In gleicher Weise soll auch, wer auf Reisen geschickt ist, die festgesetzten Stunden nicht vorüber gehen lassen, sondern, so gut es geht, sie für sich allein abhalten und nicht versäumen, den schuldigen Dienst zu leisten.

51
VON DEN BRÜDERN, DIE SICH NICHT SEHR WEIT ENTFERNEN.

Ein Bruder, der mit irgendeinem Auftrag ausgeschickt wird und voraussichtlich noch am gleichen Tage heimkehren kann, darf sich nicht erlauben, draußen zu essen, auch wenn er noch so dringend von jemand, sei es, wer es wolle, eingeladen würde, außer es hätte ihm der Abt so befohlen. Wenn er anders handelt, werde er ausgeschlossen.

52
VOM ORATORIUM DES KLOSTERS.

Das Oratorium sei, was sein Name besagt. Es darf dort nichts geschehen noch aufbewahrt werden, was sich nicht paßt. Nach dem Gotteslob sollen sich alle in tiefstem Schweigen entfernen und Gott Ehrfurcht bezeigen ; denn will vielleicht ein Bruder noch allein für sich weiter beten, so darf ihn ein anderer nicht durch Mangel an Rücksicht daran hindern. Will auch sonst einer still für sich beten, dann trete er ohne weiteres ein und bete, nicht mit lärmender Stimme, sondern unter Tränen und mit Innigkeit des Herzens. Wer also eine solche Absicht nicht hat, dem sei, wie schon gesagt, nicht gestattet, nach Beendigung des Chorgebetes im Gotteshause zurückzubleiben, damit niemand gestört werde.

53
VON DER AUFNAHME DER GÄSTE.

Jeden Gast, der da kommt, nehme man wie Christus auf; denn er wird sprechen: "Ich war Fremdling, und ihr habt mich aufgenommen". Jedem erweise man die gebührende Ehre, besonders den Glaubensgenossen und Fremdlingen. Sobald also ein Gast angemeldet ist, gehe ihm der Obere mit den Brüdern in dienstbereiter Liebe entgegen. Zuerst sollen sie miteinander beten und sich dann den Friedenskuß geben. Wegen der Blendwerke Satans gebe man diesen Friedenskuß erst nach vorausgeschicktem Gebete. Die Begrüßung geschehe aber in aller Demut. Vor allen Gästen verneige man das Haupt, wenn sie kommen und wenn sie gehen, oder man werfe sich vor ihnen ganz zur Erde nieder und verehre so Christus in ihnen, der ja auch aufgenommen wird.

Nach ihrer Aufnahme führe man die Gäste zum Gebet; dann setze sich der Obere oder in seinem Auftrag ein anderer zu ihnen. Man lese dem Gaste zur Erbauung aus der Heiligen Schrift vor und erweise ihm hierauf alle Liebe. Der Obere breche des Gastes wegen das Fasten, außer es wäre gerade ein besonders wichtiger Fasttag, der notwendig gehalten werden muß; die Brüder dagegen setzen- das Fasten wie gewohnt weiter fort. Der Abt reiche den Gästen Wasser zum Waschen der Hände; die Fußwaschung sollen Abt und Gemeinde an allen Gästen vornehmen. Ist dies geschehen, so beten sie den Vers: "O Gott, Deine Barmherzigkeit ist uns zuteil geworden inmitten Deines Tempels". Mit besonderer Sorgfalt nehme man die Armen und Fremden auf; denn vornehmlich in ihrer Person wird Christus aufgenommen. Den Reichen erzwingt ja schon das Machtvolle ihrer Person die gebührende Ehre.

Abt und Gäste sollen eigene Küche haben, damit die Brüder nicht durch unerwartete Gäste, an denen es im Kloster nie fehlen darf, gestört werden. Diese Küche sollen zwei Brüder, die sich gut darauf verstehen, ein Jahr lang besorgen. Man gebe ihnen nach Bedürfnis Gehilfen, damit sie ihren Dienst ohne Murren versehen. Haben sie jedoch weniger Beschäftigung, dann sollen sie dahin zur Arbeit gehen, wo man sie ihnen anweist. Aber nicht bloß bei diesen Brüdern, überhaupt bei allen, die im Kloster ein Amt haben, gelte der Grundsatz, daß, wo es notwendig ist, für Hilfe gesorgt werde; wenn sie aber frei sind, sollen sie zu anderer Arbeit bereit sein. Auch habe für die Gastwohnung ein Bruder zu sorgen, dessen Seele Gottesfurcht beherrscht. Daselbst sollen entsprechende Betten bereitstehen. Überhaupt werde das Haus Gottes von Weisen auch weise verwaltet. Mit den Gästen darf durchaus niemand verkehren und reden, außer wer hierzu den Auftrag erhält. Wer ihnen begegnet oder sie sieht, begrüße sie vielmehr bescheiden in der angegebenen Weise, bitte um den Segen und gehe seines Weges mit dem Bemerken, es sei ihm nicht erlaubt, mit einem Gaste zu reden.

54

OB EIN MÖNCH BRIEFE ODER SONST ETWAS ANNEHMEN DARF.

Unter keinen Umständen soll es den Mönchen erlaubt sein, von ihren Eltern oder sonst jemand, auch nicht voneinander, Briefe, Eulogien oder irgendwelche Geschenke zu nehmen oder zu geben ohne Geheiß des Abtes. Selbst wenn einem etwas von seinen Eltern geschickt würde, soll er es nicht wagen, es anzunehmen, es wäre denn zuvor dem Abte angezeigt. Gibt der Abt den Auftrag, es anzunehmen, so steht es ihm doch noch frei, zu bestimmen, wer es erhalten soll; der Bruder jedoch, dem es etwa zugedacht war, soll sich darob nicht betrüben, damit dem Versucher kein Anlaß gegeben werde. Wer dem zuwider handelt, soll der in der Regel festgesetzten Strafe verfallen.

55
VON DER KLEIDER- UND SCHUHKAMMER DER BRÜDER.

Die Kleider, die den Brüdern gegeben werden, seien der Lage und dem Klima des Wohnortes angepaßt; denn in kalten Gegenden braucht man mehr, in warmen dagegen weniger. Der Abt soll dies also weise in Rechnung ziehen. Wir sind aber der Ansicht, in einer Gegend mit mittlerem Klima reiche für jeden Mönch eine Kukulle und eine Tunika aus; die Kukulle sei im Winter dichtwollig, im Sommer dünn oder abgetragen. Dazu komme das Skapulier für die Arbeit und als Fußbekleidung Strümpfe und Schuhe. Über die Farbe und den rauhen Stoff von all dem sollen sich die Mönche nicht aufhalten; die Kleider seien vielmehr so, wie man sie in jenem Lande vorfindet oder wohlfeil beschaffen kann.

Der Abt sorge für das richtige Maß, damit die Kleider denen, die sie tragen, nicht zu kurz seien, sondern gut passen. Wer neue Kleider erhält, soll die alten immer sogleich zurückgeben, damit sie in der Kleiderkammer für die Armen aufbewahrt werden. Denn für den Mönch genügt es, zwei Tuniken und zwei Kukullen zu haben wegen der Nacht und um sie waschen zu können. Was darüber ist, muß als überflüssig entfernt werden. Auch die Fußbekleidung und überhaupt alles Alte sollen sie abgeben, sobald sie Neues bekommen. Brüder, die auf Reisen geschickt werden, erhalten aus der Kammer Unterkleider. Nach ihrer Rückkehr geben sie diese gewaschen wieder ab. Auch sollen die Kukul-len und Tuniken etwas besser sein, als man sie gewöhnlich trägt; sie erhalten sie bei ihrer Abreise aus der Kleiderkammer und geben sie bei ihrer Heimkehr wieder zurück.

Als Lager sollen eine Matte, ein rauhes Tuch, eine Decke und ein Kopfkissen genügen. Der Abt muß jedoch öfter nachschauen, ob sich in diesen Betten nicht etwa Eigentum finde. Und sollte sich bei einem etwas finden, was ihm der Abt nicht gegeben hat, so werde er sehr strenge bestraft. Damit dieses Laster des Privateigentums mit der Wurzel ausgerottet werde, gebe der Abt alles, was man braucht, Kukulle, Tunika, Strümpfe, Schuhe, Gürtel, Messer, Griffel, Nadel, Taschentuch, Schreibtafel, so daß jedem Vorwand eines Bedürfnisses der Boden entzogen sei. Der Abt beherzige jedoch immer jenen Ausspruch der Apostelgeschichte: "Es ward jedem gegeben, wie er es nötig hatte". So muß also auch der Abt auf die schwachen Kräfte der Bedürftigen Rücksicht nehmen, nicht auf das Übelwollen Scheelsüchtiger. Er halte sich jedoch bei allen seinen Anordnungen die Vergeltung Gottes vor Augen.

56
VOM TISCHE DES ABTES.

Der Abt esse jederzeit mit den Gästen und Fremden. So oft aber keine Gäste da sind, steht es ihm frei, wen er will, von den Brüdern einzuladen. Doch muß er immer der Ordnung halber einen oder zwei von den Ältesten bei den Brüdern lassen.

57
VON DEN HANDWERKERN IM KLOSTER.

Sind Brüder im Kloster, die ein Handwerk verstehen, so sollen sie es in aller Demut betreiben, falls es der Abt erlaubt. Sollte sich einer von ihnen wegen seiner Geschicklichkeit überheben, weil er glaubt, dem Kloster zu nützen, so nehme man ihn von dieser Beschäftigung weg, und er darf nicht wieder zu ihr zurückkehren, bevor er nicht demütig geworden ist und der Abt ihn etwa wieder damit beauftragt. Ist aber etwas von den Arbeiten der Handwerker zu verkaufen, dann sollen jene, die den Verkauf zu vermitteln haben, sich davor in acht nehmen, irgendeinen Betrug zu begehen. Sie sollen stets an Ananias und Saphira denken; sonst könnte, wie diese der leibliche Tod ereilte, sie und alle, die irgendeinen Betrug mit dem Klostergute treiben, der Tod an der Seele treffen. Bei der Festsetzung der Preise darf sich aber nicht schmutziger Geiz einschleichen, vielmehr soll man immer ein wenig wohlfeiler geben, als sonst Weltleute es tun können, "auf daß in allem Gott verherrlicht werde".

58

VOM VERFAHREN BEI DER AUFNAHME VON BRÜDERN.

Kommt jemand, um das Klosterleben zu beginnen, so werde ihm der Eintritt nicht leicht bewilligt, vielmehr handle man nach dem Worte des Apostels: "Prüfet die Geister, ob sie aus Gott sind". Wird also der Ankömmling nicht müde, um Einlaß zu bitten, und zeigt es sich während vier oder fünf Tagen, daß er unfreundliche Behandlung und die Schwierigkeiten, die man seinem Eintritt entgegenstellt, geduldig erträgt und auf seiner Bitte beharrt, so lasse man ihn eintreten. Zunächst mag er sich einige Tage in der Wohnung der Gäste aufhalten; dann bleibe er in der Zelle, in der die Novizen ihre Übungen halten, essen und schlafen. Und ein älterer Bruder, der es versteht, Seelen zu gewinnen, werde als Oberer über sie gesetzt und überwache sie mit aller Sorgfalt. Er prüfe den Novizen, ob er wahrhaft Gott sucht, ob er Eifer zeigt für das gemeinsame Gotteslob, für den Gehorsam und Verdemütigungen. Man zeige ihm, wie rauh und uneben der Weg ist, auf dem man zu Gott gelangt. Verspricht er in Beständigkeit auszuharren, so lese man ihm nach Ablauf von zwei Monaten diese Regel von Anfang bis zu Ende vor und sage zu ihm: "Siehe das Gesetz, unter dem du kämpfen willst; kannst du es beobachten, so tritt ein, vermagst du das nicht, so geh frei von dannen". Bleibt er jetzt noch standhaft, dann führe man ihn wieder in die erwähnte Novizenwohnung zurück und prüfe ihn in aller Geduld weiter. Nach Verlauf von sechs Monaten lese man ihm die Regel noch einmal vor, damit er wisse, welche Verpflichtung er mit dem Eintritt übernimmt. Bleibt er immer noch fest, so werde ihm nach vier Monaten dieselbe Regel wiederum vorgelesen. Hat er alles in seinem Innern reiflich überlegt und verspricht er, alles beobachten und jedem Befehle gehorchen zu wollen, so nehme man ihn in die Klostergemeinde auf; doch soll er wissen, daß es ihm auch in kraft des Regelgesetzes ' von diesem Tag an nicht mehr frei steht, das Kloster zu verlassen noch das Joch der Regel von seinem Nacken abzuschütteln, das er in so langer Prüfungszeit von sich abweisen oder auf sich nehmen konnte.

Bei der Aufnahme gelobe er im Gotteshaus in Gegenwart aller vor Gott und seinen Heiligen Beständigkeit, klösterlichen Tugendwandel und Gehorsam. Deshalb muß er überzeugt sein, wenn er dagegen handeln sollte, würde er von dem verdammt werden, dessen er spottet. Über dieses sein Gelöbnis stelle er auf den Namen der Heiligen, deren Reliquien dort sind, und auf den Namen des anwesenden Abtes ein Bittgesuch aus. Dieses Gesuch schreibe er eigenhändig oder, falls er nicht schreiben kann, bitte er einen anderen darum, und dann füge der Novize sein Handzeichen hinzu. Hierauf lege er die Urkunde eigenhändig auf dem Altare nieder. Alsdann stimme der Novize sogleich selbst den Vers an: "Nimm mich auf, o Herr, nach Deiner Verheißung und ich werde leben, und laß meine Hoffnung nicht zuschanden werden". Die ganze Gemeinde wiederhole diesen Vers dreimal und füge das "Ehre sei dem Vater" hinzu. Darauf werfe sich der Novize vor jedem einzelnen nieder, auf daß alle für ihn beten. Von diesem Tag an gilt er nun als Mitglied der Gemeinde. Was er etwa an Eigentum hat, verteile er vorher unter die Armen oder vermache es durch eine rechtskräftige Schenkung dem Kloster, ohne sich etwas vorzubehalten ; er darf ja nicht vergessen, daß er von jetzt an nicht einmal mehr über seinen eigenen Leib frei verfügen kann. Deshalb lege er sogleich im Gotteshaus die Kleider ab, die er trägt, und werde mit dem Klostergewand bekleidet. Die Kleider, die er abgelegt hat, sollen in der Kleiderkammer aufbewahrt werden. Denn wenn er einmal, was nie geschehen möge, den Einflüsterungen des Teufels nachgeben und das Kloster verlassen wollte, dann soll er des Klostergewandes beraubt und so verstoßen werden. Die Urkunde aber, die der Abt vom Altar an sich genommen hat, erhalte er nicht mehr zurück; man bewahre sie im Kloster auf.

59
VON DEN SÖHNEN DER VORNEHMEN UND ARMEN, DIE GOTT DARGEBRACHT WERDEN.

Will etwa ein Vornehmer seinen Sohn Gott im Kloster darbringen, und ist der Knabe noch minderjährig, so stellen die Eltern eine Bitturkunde aus, wie wir schon oben gesagt haben, hüllen die Urkunde und die Hand des Knaben zugleich mit der Opfergabe in das Altartuch und bringen ihn so dar. Was ihr Vermögen betrifft, so müssen sie in der betreffenden Urkunde eidlich versprechen, weder selbst noch durch Mittelspersonen noch sonst auf eine Weise ihrem Sohne jemals etwas zu schenken oder auch nur die Möglichkeit zu bieten, etwas zu besitzen. Wollen sie darauf nicht eingehen, sondern dem Kloster als Entschädigung ein Almosen zukommen lassen, dann sollen sie über diese Schenkung eine Urkunde ausstellen mit etwaigem Vorbehalte der Nutznießung. So werde allem vorgebeugt, damit dem Knaben keinerlei Aussicht bleibe, die ihn blenden und, was ferne sei, ins Verderben stürzen könnte, wie wir das schon erlebt haben. In der gleichen Weise sollen auch die Ärmeren verfahren. Wer gar nichts besitzt, stelle einfach die Urkunde aus und bringe seinen Sohn mit der Opfergabe vor Zeugen dar.

60

VON DEN PRIESTERN, DIE ETWA IN DAS KLOSTER EINTRETEN WOLLEN.

Bittet einer aus dem Priesterstand um Aufnahme ins Kloster, so erfülle man seinen Wunsch nicht allsogleich. Beharrt er durchaus bei seiner Bitte, dann soll er wissen, daß ihn die Regel in ihrer ganzen Strenge verpflichten wird; in keinem Punkte wird ihm Erleichterung zuteil werden. Es gelte also, was die Schrift sagt: "Freund, wozu bist du gekommen". Doch werde ihm gestattet, in der Reihe gleich nach dem Abte zu stehen, den Segen zu erteilen, das Meßopfer zu feiern und das Schlußgebet beim gemeinsamen Gotteslob zu sprechen, vorausgesetzt, daß der Abt es ihm aufträgt, andernfalls erlaube er sich nichts. Er darf nicht vergessen, daß er sich in die Klosterordnung fügen muß, gebe vielmehr allen ein Beispiel der Demut. Handelt es sich im Kloster etwa um eine Wahl oder etwas Ähnliches, so nehme er jenen Platz ein, der seinem Eintritt ins Kloster entspricht, nicht jenen, der ihm aus Ehrfurcht vor der priesterlichen Würde sonst eingeräumt ist. Wenn Kleriker denselben

Wunsch äußern, ins Kloster aufgenommen zu werden, dann weise man ihnen einen etwas höheren Platz an, aber nur, wenn sie Beobachtung der Regel und Beständigkeit geloben.

61
WIE FREMDE MÖNCHE
AUFGENOMMEN WERDEN SOLLEN.

Kommt ein fremder Mönch aus fernen Landen und will er als Gast im Kloster wohnen, so nehme man ihn für solange auf, als er wünscht, vorausgesetzt, daß er zufrieden ist mit den dort geltenden Gebräuchen und nicht etwa durch unberechtigte Ansprüche dem Kloster lästig fällt, sondern sich einfach mit dem begnügt, was er antrifft. Äußert er mit Gründen und in liebevoller Bescheidenheit einen Tadel, oder macht er auf etwas aufmerksam, so erwäge der Abt in Klugheit, ob nicht etwa Gott ihn gerade zu diesem Zwecke geschickt habe. Will er aber später sich zu beständigem Bleiben verpflichten, so weise man diesen Wunsch nicht zurück, zumal da man während der Zeit, da er Gast war, Gelegenheit hatte, seinen Wandel kennen zu lernen. Erwies er sich während der Zeit der Gastfreundschaft als anspruchsvoll und mit Fehlern behaftet, dann muß man ihm nicht bloß die Aufnahme in den Klosterverband verweigern, sondern ihm sogar in höflicher Weise bedeuten, er möge gehen. Sonst könnte sein bedauernswerter Wandel auch noch andere anstecken. Verdient er aber durch sein Verhalten nicht, daß man ihn fortschicke, so warte man nicht erst seine Bitte ab, um ihn der Gemeinde einzugliedern, sondern rede ihm sogar zu, daß er bleibe, damit sein Beispiel andern zur Lehre dienen kann. Wird doch allerorten dem gleichen Herrn gedient und für denselben König gestritten. Der Abt darf ihm auch einen etwas höheren Platz anweisen, wenn er ihn dessen würdig erachtet. Doch nicht bloß einen Mönch, auch einen Angehörigen des oben erwähnten Priester- und Klerikerstandes kann der Abt an einen höheren Platz aufrücken lassen, als es ihm dem Eintritte nach zukäme, wenn er erkennt, daß ihr Wandel das verdient. Doch hüte sich der Abt, jemals einen Mönch aus einem andern bekannten Kloster in seine Gemeinde aufzunehmen ohne Einwilligung des betreffenden Abtes oder ohne Empfehlungsschreiben. Denn es steht geschrieben: "Was du nicht leiden möchtest, tu auch keinem andern an".

62
VON DEN PRIESTERN DES KLOSTERS.

Will sich der Abt einen Priester oder Diakon weihen lassen, so wähle er einen aus den Seinigen aus, der würdig ist, des Priesteramtes zu walten. Der Geweihte hüte sich vor Stolz und Hoffart. Er dränge sich in keine Angelegenheit ein, die ihm nicht vom Abt übertragen ist, und wisse, daß er weit strenger an die klösterliche Zucht gebunden ist. Auch werde ihm die priesterliche Würde nie Anlaß, die Regeltreue und die Klosterordnung aus dem Auge zu lassen, vielmehr soll er Gott immer näher und näher kommen.

Er nehme stets den Platz ein, an dem er bei seinem Eintritt ins Kloster stand, außer beim Dienst am Altare, oder wenn die Wahl der Gemeinde und der Wille des Abtes ihn seiner Verdienste wegen an einen höheren Platz stellen will. Doch wisse er, daß er dann die für die Dekane und Prioren aufgestellte Satzung beobachten muß. Handelt er dieser zuwider, so sehe man in ihm nicht mehr den Priester, sondern einen Empörer. Wenn er sich trotz öfterer Mahnung nicht bessert, nehme man auch den Bischof zum Zeugen. Zeigt er dann noch keine Besserung und liegt seine Schuld offen zutage, so werde er aus dem Kloster verstoßen, allein nur dann, wenn er so widerspenstig ist, daß er sich der Regel nicht unterwerfen noch ihr gehorchen will.

63

VON DER RANGORDNUNG IN DER KLOSTERGEMEINDE.

Die Brüder sollen im Kloster jene Rangordnung einhalten, wie sie durch die Zeit des Eintrittes oder verdienstreiches Leben bestimmt oder vom Abte festgesetzt wird. Der Abt bringe die ihm anvertraute Herde nicht in Verwirrung und treffe nicht, als besäße er uneingeschränkte Gewalt, ungerechte Verfügungen. Er bedenke vielmehr immer, daß er über all sein Anordnen und Tun Gott wird Rechenschaft ablegen müssen. Nach der Reihenfolge also, die er festgesetzt hat, oder wie sie den Brüdern von selbst zukommt, sollen sie zum Friedenskuß und zur Kommunion gehen, die Psalmen anstimmen, im Chore stehen. Gar nirgends darf das Alter die Rangordnung bestimmen oder einen Vorrang verleihen; haben doch Samuel und Daniel schon in ihrer Jugend über Älteste Gericht gehalten. Abgesehen davon, daß der Abt, wie oben erwähnt, einem in weiser Rücksicht einen höheren oder aus bestimmten Gründen einen niederen Platz anweist, sollen demnach alle anderen nach ihrer Eintrittszeit aufeinander folgen:

so muß zum Beispiel, wer zur zweiten Tagesstunde ins Kloster kommt, welches Alter und welche Würde er auch haben mag, wissen, daß er jünger ist als einer, der zur ersten Stunde angekommen ist. Den Knaben gegenüber wahre jeder allezeit die gehörige Ordnung.

Die Jüngeren sollen also die Älteren ehren, die Älteren die Jüngeren lieben. Keiner darf den andern mit dem bloßen Namen anreden, sondern die Älteren sollen den Jüngeren den Namen Brüder, die Jüngeren den Älteren den Namen Nonnus geben, was soviel heißt als ehrwürdiger Vater. Der Abt aber, den man ja im Glauben als Stellvertreter Christi ansieht, werde Herr und Abt genannt, nicht als dürfte er sich selbst diesen Namen anmaßen, sondern Christus zu Ehren und Christus zulieb. Das möge er bedenken und so wandeln, daß er dieser Ehre würdig sei. Wo immer ein Bruder dem andern begegnet, bitte der jüngere den älteren um den Segen. Geht ein älterer vorüber, so erhebe sich der jüngere und räume ihm den Platz zum Sitzen ein; der jüngere darf sich nicht eher niedersetzen, als bis ihn der ältere dazu auffordert, damit so erfüllt werde, was geschrieben steht: "Kommet einander mit Ehrerbietung zuvor". Knaben und Jünglinge halten im Chor und bei Tisch, wie es sich gehört, ihre Ordnung ein. Draußen aber, wie überhaupt an allen Orten, sollen sie unter Aufsicht und Leitung stehen, bis sie zu den Jahren reiferen Verständnisses gelangen.

64
VON DER EINSETZUNG DES ABTES.

Bei der Einsetzung des Abtes gelte immer als Regel, daß der bestellt werde, den entweder die ganze Gemeinde einmütig in der Furcht Gottes oder ein von besserem Geist beseelter, wenn auch kleiner Teil erwählt. Verdienst des Lebens und Lehrweisheit müssen bei der Wahl entscheiden, selbst wenn der in Aussicht genommene seinem Range nach der letzte im Kloster wäre. Sollte, was nie geschehen möge, die ganze Gemeinde einhelligen Sinnes einen solchen wählen, der mit ihrem ungeordneten Wandel einverstanden wäre, und hätten der Bischof, zu dessen Sprengel der Ort gehört, oder die Äbte oder Gläubigen der Nachbarschaft irgendwie Kenntnis erhalten von diesen schlimmen Zuständen, so sollen sie verhindern, daß ein so böses Einverständnis die Oberhand behalte, und sollen dem Hause Gottes einen würdigen Verwalter geben, überzeugt, daß sie dafür einen herrlichen Lohn erhalten, wenn sie reiner Eifer für Gottes Ehre leitet, daß es aber auf der andern Seite Sünde wäre, dies zu unterlassen.

Der erwählte Abt verliere nie aus dem Auge, welche Last er auf sich genommen, und wem er Rechenschaft von seiner Verwaltung zu geben hat. Er wisse, daß seine Aufgabe mehr darin besteht, vorzusehen als vorzustehen. Er muß demnach im göttlichen Gesetze bewandert sein, damit ihm Einsicht und der nötige Vorrat zu Gebote stehe, Neues und Altes daraus zu schöpfen. Er sei keusch, nüchtern, mild; stets triumphiere die Barmherzigkeit über strenges Gericht, damit er ein Gleiches erlange. Er hasse das Böse, liebe die Brüder. Bei Zurechtweisungen gehe er mit Klugheit vor und gehe nie zuweit, sonst könnte das Gefäß zerbrechen, wenn er es allzu sauber vom Roste reinigen will. Er rechne immer mit seiner eigenen Schwäche und erinnere sich, daß man ein geknicktes Rohr nicht vollends brechen darf. Damit wollen wir jedoch nicht sagen, er dürfe Fehler fortwuchern lassen, vielmehr soll er sie, wie schon gesagt wurde, mit Klugheit und Liebe ausrotten in der Weise, die er für jeden einzelnen zuträglich findet. Er strebe, mehr geliebt als gefürchtet zu werden. Er sei nicht ungestüm und ängstlich, nicht übertrieben und eigensinnig, nicht eifersüchtig und zu argwöhnisch, sonst käme er nie zur Ruhe. Seine Anordnungen seien von Umsicht und Besonnenheit begleitet. Und mag der Auftrag, den er gibt, Geistliches oder Zeitliches betreffen, immer soll er unterscheiden und das rechte Maß suchen, eingedenk der weisen Maßhaltung, die aus den Worten des hl. Jakob spricht: "Wenn ich meine Herden unterwegs übermüde, erliegen sie alle an einem Tage". Diese und andere Beispiele kluger Mäßigung, dieser Mutter der Tugenden, nehme er sich zum Vorbild und ordne alles so weise, daß es die Starken mit Lust und Liebe erfüllen, die Schwachen aber nicht davor zurückschrecken. Vor allem muß er in allen Stücken diese Regel beobachten, auf daß er nach guter Amtsverwaltung aus dem Munde des Herrn einmal die gleichen Worte vernehmen kann, wie der gute Knecht, der seinen Mitknechten den Weizen zur rechten Zeit zuteilte: "Wahrlich, sage ich euch, über alle seine Güter wird er ihn setzen".

65
VOM PRIOR DES KLOSTERS.

Nicht selten ist es schon vorgekommen, daß die Einsetzung eines Priors in den Klöstern zu schweren Ärgernissen geführt hat, wenn nämlich der eine oder andere vom bösen Geiste des Stolzes aufgestachelt, im Wahne, er sei ein zweiter Abt, sich die Herrschaft anmaßt, so zu Ärgernissen Anlaß gibt und Zwiespalt in die Gemeinde bringt. Dies kann ganz besonders dort geschehen, wo von demselben Bischof oder von denselben Äbten, die den Abt bestellen, zugleich auch der Prior eingesetzt wird. Wie verkehrt ein solcher Brauch ist, liegt auf der Hand. Denn gleich vom ersten Tag an, da der Prior in sein Amt eingesetzt ist, wird ihm Anlaß zu Stolz gegeben, wenn ihm eine Stimme im Innern zuflüstert, er stehe nicht unter der Gewalt seines Abtes: du bist ja von denselben zu deinem Amte berufen worden wie der Abt. Die Folge davon sind Neid, Streitigkeiten, üble Nachreden, Eifersüchteleien, Parteiungen, Unordnung. Denn wenn Abt und Prior einander entgegen sind, wird dieser Zwist nicht bloß unausbleiblich ihren eigenen Seelen

Gefahr bringen, sondern auch ihre Untergebenen ins Verderben stürzen, wenn sie um die Gunst der Parteien buhlen. Die Verantwortung für eine so schlimme Gefahr tragen in erster Linie jene, die den Keim zu einer derartigen Unordnung gelegt haben.

Die Erfahrung hat uns demnach gezeigt, daß es für die Wahrung des Friedens und der Liebe am besten ist, wenn der Abt nach freiem Ermessen die Ämter in seinem Kloster besetzt. Und womöglich sollen, wie wir schon früher bestimmt haben, alle Geschäfte des Klosters durch Dekane nach den Anordnungen des Abtes besorgt werden. So wird der einzelne nicht in Gefahr kommen, stolz zu werden, wenn die Aufgabe auf mehrere verteilt ist. Lassen örtliche Verhältnisse es wünschenswert erscheinen, oder bittet die Gemeinde mit vernünftigen Gründen und bescheiden darum, und findet der Abt es so für gut, dann soll er selbst den zum Prior bestellen, den er nach dem Rate gottesfürchtiger Brüder sich dazu ausersehen hat. Doch besorge der Prior in aller Ehrfurcht, was ihm sein Abt aufträgt; nie darf er etwas gegen den Willen und Auftrag seines Abtes tun; denn wie er über den anderen höher steht, so soll er auch mit besonderer Sorgfalt die Vorschriften der Regel beobachten. Zeigt es sich, daß der Prior mit Fehlern behaftet wäre und sich von Hochmut betören ließe, oder brächte er der hl. Regel offen Mißachtung entgegen, dann soll er bis zu vier Malen ermahnt werden. Bessert er sich nicht, dann treffe ihn die in der Regel vorgesehene Strafe. Legt er auch dann seinen Fehler nicht ab, so werde er vom Amte des Priorates entfernt und durch einen anderen, würdigen ersetzt. Ist er auch nachher in der Gemeinde nicht ruhig und gehorsam, so verstoße man ihn sogar aus dem Kloster. Doch bedenke der Abt, daß er über alle seine Anordnungen Gott Rechenschaft ablegen muß, damit nicht die Flamme des Neides oder der Eifersucht in seiner Seele entbrenne.

66

VON DEN PFÖRTNERN DES KLOSTERS.

An die Klosterpforte soll ein älterer verständiger Bruder gestellt werden, der es versteht, Aufträge anzunehmen und auszurichten und den sein gereiftes Wesen vor unstetem Umherschweifen bewahrt. Dieser Pförtner muß seine Zelle neben der Pforte haben, damit, wer kommt, ihn dort immer antreffe und von ihm Bescheid erhalte. Sobald jemand anklopft oder sich ein Armer meldet, antworte er: "Gott sei Dank" oder "segne mich"; und gebe dann in aller Sanftmut und Gottesfurcht, beseelt vom Eifer der Liebe, sogleich Auskunft. Bedarf der Pförtner einer Stütze, so erhalte er einen jüngeren Bruder. Doch lege man das Kloster womöglich so an, daß alles, was man braucht, Wasser, Mühle, Garten und auch die verschiedenen Werkstätten sich innerhalb der Klostermauern befinden, damit die Mönche nicht gezwungen sind, draußen umherzuschweifen, weil das ihren Seelen durchaus nicht zuträglich ist. Wir wollen aber, daß diese Regel öfter vor der ganzen Gemeinde gelesen werde, damit sich kein Bruder mit Unkenntnis entschuldigen könne.

67
VON DEN BRÜDERN, DIE AUF EINE REISE GESCHICKT WERDEN.

Brüder, die auf eine Reise geschickt werden, sollen sich vorher dem Gebete aller Brüder oder des Abtes empfehlen; auch soll jederzeit beim letzten Gebete des Gotteslobes aller Abwesenden gedacht werden. Kehren die Brüder von der Reise heim, so sollen sie sich noch am Tage der Ankunft bei der jeweils zutreffenden Gebetsstunde am Schlüsse des Chorgebetes im Gotteshaus auf den Boden niederwerfen und alle um das Gebet bitten wegen der Fehler, die sich während der Reise vielleicht durch Sehen oder Hören von etwas Bösem oder durch unnützes Reden eingeschlichen haben. Auch darf sich keiner erlauben, einem andern alles und jedes zu erzählen, was er außerhalb des Klosters gesehen oder gehört hat, denn das richtet gewaltiges Unheil an. Wagt es dennoch einer zu tun, so verfalle er der von der Regel bestimmten Strafe. Das gleiche gelte von dem, der sich herausnimmt, die Umfriedung des Klosters zu überschreiten und irgendwohin zu gehen oder etwas, sei es auch noch so geringfügig, gegen den Willen des Abtes zu tun.

68

WENN EINEM BRUDER UNMÖGLICHES AUFGETRAGEN WERDEN SOLLTE.

Wenn einem Bruder etwas sehr Schweres oder gar Unmögliches aufgetragen wird, nehme er den Auftrag des Vorgesetzten in aller Sanftmut und in Gehorsam an. Sieht er, daß die auferlegte Last durchaus das Maß seiner Kräfte übersteigt, so soll er dem Obern die Gründe seines Unvermögens in Geduld und schicklicher Weise darlegen, nicht geleitet vom Geiste des Stolzes, der Widersetzlichkeit oder des Widerspruchs. Beharrt der Obere auch nach dieser Aussprache und Vorstellung auf seiner Entscheidung und seinem Befehl, dann wisse der Untergebene, daß es für ihn so gut ist, und gehorche aus Liebe im Vertrauen auf den Beistand Gottes.

69

DASS ES IM KLOSTER KEINER WAGEN DARF, EINEN ANDEREN ZU VERTEIDIGEN.

Mit Sorgfalt muß verhütet werden, daß im Kloster ein Mönch unter irgendeinem Vorwand es wage, einen anderen zu verteidigen oder gewissermaßen in Schutz zu nehmen, selbst wenn sie noch so eng durch Blutsverwandtschaft miteinander verbunden wären. Auf keine Weise darf sich ein Mönch so etwas erlauben, weil das schwere Ärgernisse veranlassen kann. Vergeht sich einer gegen diese Vorschrift, so werde er besonders streng bestraft.

70
DASS KEINER ES WAGEN DARF, EINEN ANDEREN LEICHTHIN ZU SCHLAGEN.

Im Kloster muß jede Gelegenheit zur Anmaßung entfernt werden. Deshalb bestimmen wir, daß keiner seinen Mitbruder ausschließen oder schlagen darf, es sei denn, der Abt hatte ihn dazu ermächtigt. Wer sich dagegen verfehlt, "werde in Gegenwart aller zurechtgewiesen zum warnenden Beispiel für die anderen". Knaben bis zum fünfzehnten Jahr sollen aber von allen in strenger Zucht gehalten und überwacht werden; doch geschehe auch das vernünftig und maßvoll. Denn wer sich gegen das reifere Alter ohne Erlaubnis des Abtes etwas herausnimmt oder sich gegen die Kinder im Übereifer zum Zorne hinreißen läßt, verfalle der in der Regel vorgesehenen Strafe, weil geschrieben steht: "Was du nicht erleiden möchtest, tu auch keinem andern an".

71
DASS DIE BRÜDER EINANDER GEHORCHEN SOLLEN.

Das Gut des Gehorsams soll nicht bloß dem Abte von allen erwiesen werden, auch gegen einander sollen die Brüder gehorsam sein, in der festen Überzeugung, daß sie auf diesem Pfade des Gehorsams zu Gott gelangen werden. An erster Stelle befolge man immer den Befehl des Abtes oder der von ihm bestellten Obern, und wir gestatten nicht, daß man Aufträge einfacher Mönche einem solchen Befehle gegenüber vorgehen lasse. Im übrigen aber sollen alle Jüngeren den Älteren mit größter Liebe und Bereitwilligkeit gehorchen. Wird einer streitsüchtig erfunden, so werde er bestraft. Wenn aber ein Bruder bei einem auch noch so geringfügigen Anlaß vom Abt oder sonst von einem an Alter über ihm Stehenden auf irgendeine Weise getadelt wird, oder wenn er den Eindruck hat, ein Älterer sei gegen ihn erregt oder irgendwie verstimmt, so werfe er sich sogleich vor ihm auf den Boden nieder und leiste solange Genugtuung, bis sich jene Erregung beim Segen wieder legt. Wer dies aus Geringschätzung unterläßt, werde entweder körperlich gezüchtigt oder, wenn er sich widerspenstig zeigt, aus dem Kloster gestoßen.

72

VOM GUTEN EIFER, DER DIE MÖNCHE BESEELEN SOLL.

Gleichwie es einen schlimmen Eifer voll Bitterkeit gibt, der von Gott trennt und zur Hölle führt, so gibt es auch einen guten Eifer, der von der Sünde trennt, zu Gott und zum ewigen Leben führt. Diesen Eifer sollen die Mönche mit der feurigsten Liebe betätigen. Sie sollen also einander in Ehrerbietung zuvorkommen, die Gebrechen, seien sie körperlich oder geistig, aneinander mit größter Geduld ertragen, im Wetteifer einander gehorchen. Keiner erstrebe das, was er für sich, sondern das, was er mehr für andere nützlich erachtet. Die brüderliche Liebe sollen sie in reiner Gesinnung betätigen, Gott aus Liebe fürchten, ihrem Abt in aufrichtiger und demütiger Liebe zugetan sein, Christus durchaus nichts vorziehen, der uns alle zum ewigen Leben führen möge.

73

DAVON, DASS IN DIESER REGEL NICHT ALLE VORSCHRIFTEN DES VOLLKOMMENEN LEBENS ENTHALTEN SIND.

Wir haben diese Regel niedergeschrieben, damit wir durch deren Beobachtung in den Klöstern bis zu einem gewissen Grad ehrbaren Wandel und einen Anfang im klösterlichen Tugendleben bekunden. Wer aber zur Vollkommenheit dieses Lebens rasch emporsteigen will, der halte sich an die Lehren der hl. Väter; wer diese befolgt, wird die Höhen der Vollkommenheit erreichen. Denn ist nicht jede Seite, jeder Ausspruch der gottbeglaubigten Schriften des Alten und Neuen Testamentes die sicherste Richtschnur für das menschliche Leben? Oder redet nicht jedes Buch der hl. katholischen Väter laut davon, wie wir geradeswegs zu unserem Schöpfer gelangen können? Auch die Collationes der Väter, ihre Instituta und Lebensbeschreibungen, ferner die Regel unseres hl. Vaters Basilius, was sind sie anders als Tugendwerkzeuge für gute und gehorsame Mönche? Wir Träge, Laue und Nachlässige müssen aber vor Scham erröten.

Gehörst du zu jenen, die dem himmlischen Vaterlande zueilen, so befolge diese ganz einfache Regel, die mit Christi Hilfe für Anfänger geschrieben ist. Dann wirst du nach und nach unter Gottes Schutz zu den oben erwähnten Höhen der Weisheit und Tugend gelangen.

Copyright © 2020 by FV Éditions
Cover picture : *Saint Benoît de Nursie* by Alessandro Turchi.
Ebook ISBN : 979-10-299-0910-8
Paperback ISBN : 979-10-299-0911-5
Hardcover ISBN : 979-10-299-0912-2
All rights reserved.

Also Available

**DIDACHE
ODER APOSTELLEHRE**

www.ingramcontent.com/pod-product-compliance
Lightning Source LLC
LaVergne TN
LVHW092051060526
838201LV00047B/1334